Sansão Agonista

John Milton

Sansão Agonista

Edição bilíngue

Tradução, introdução, notas e posfácio
Adriano Scandolara

Revisão da tradução
Guilherme Gontijo Flores

Título original
Samson Agonistes
Texto e ilustração da capa em domínio público

2021 © Editora de Cultura
2021 © Adriano Scandolara (tradução e notas)
ISBN: 978-65-5748-009-0

Todos os direitos desta edição reservados
EDITORA DE CULTURA LTDA.
Rua Baceúnas, 180
CEP 03127-060 – São Paulo – SP – Brasil

Fone: (55 11) 2894-5100
atendimento@editoradecultura.com.br
www.editoradecultura.com.br

Partes deste livro poderão ser reproduzidas,
desde que obtida prévia autorização escrita
da editora e nos limites da Lei 9.610/98,
de proteção aos direitos do autor.

Primeira edição: julho de 2021
Impressão: 5ª   4ª   3ª   2ª   1ª
Ano: 25   24   23   22   21

Dados Internacionais de Catalogação na Publicação (CIP)
(Câmara Brasileira do Livro, SP, Brasil)
Aline Graziele Benitez - Bibliotecária - CRB-1/3129

Milton, John, 1608-1674
  Sansão agonista = Samson agonist / John Milton ;
tradução, introdução e notas Adriano Scandolara. --
1. ed. -- São Paulo : Editora de Cultura, 2021.

  Edição bilíngue : português/inglês.
  ISBN 978-65-5748-009-0

  1. Ficção inglesa I. Título.

21-63058   CDD-823

Índices para catálogo sistemático:
1. Ficção : Literatura inglesa 823

Sumário

Prefácio, por Caetano W. Galindo, 7

Introdução, 9

Sansão Agonista – um poema dramático, 15

Notas, 142

Posfácio, 167

Referências, 201

Sobre o tradutor, 207

Prefácio

Caetano W. Galindo
professor da UFPR e tradutor literário

Gaza, um prisioneiro de uma guerra religiosa aproveita a primeira oportunidade que tem e comete um ato desesperado de violência suicida: derruba todo um edifício, soterrando uma multidão de seus inimigos.

Milhares de anos atrás. Séculos atrás. Receamos que ainda amanhã.

Os livros não escolhem seus leitores, nem seu futuro. E, exatamente como os autores das narrativas bíblicas não poderiam contar com o que a literatura faria da história de Sansão, o escritor inglês John Milton, cego, desiludido e isolado, também não teria como imaginar o quanto os temas deste seu *Sansão Agonista* ainda ressoariam para nós, separados dele por mais de trezentos anos.

Nossa leitura daquele ato final do herói, por exemplo, não pode ignorar a história do terrorismo moderno. A mera presença da palavra "holocausto" num texto sobre violência e morte dentro de uma nação judaica fragmentada nos obriga a pensar em extermínios, genocídios e covardias acontecidos séculos depois de Milton.

De maneira ainda mais ampla, as tortuosas razões que os homens encontram para justificar seus fins, suas manobras retóricas e ardis, assim como as insondáveis contorções discursivas com que a mulher, personagem mais profundo, mais misterioso e mais desprovido de poder público, acaba se manifestando e, afinal, obtendo sua vitória são elementos humanos e sociais tristemente permanentes. Retratados por um psicólogo atilado como Milton, ainda iluminam discussões que temos e precisamos ter diariamente ("Sempre a mulher, em discutir com homem,/ tem prejuízo, não importa a causa").

Os livros, também, não escolhem seu intérprete, o tradutor que lhes dará voz e vez em contextos tão inimaginavelmente

7

distintos do seu. Mas poucas escolhas seriam mais perfeitas que a de Adriano Scandolara para trazer este *Sansão* para o nosso mundo. Uma erudição bíblica profunda, um largo conhecimento do original e de seu universo e um domínio seguro da versificação somam-se aqui à acertadíssima escolha de um vocabulário cheio de palavras antigas, que, cravadas nos versos fluentes apresentados pelo tradutor, geram exatamente o efeito de modernidade inesperada e de atualidade do passado que sublinha à perfeição a sobrevida, a permanência deste texto ainda tão necessário.

Adriano Scandolara é dos grandes tradutores em ação no Brasil de hoje. E ler este seu trabalho – de tradução, notas, textos de aparato – é um imenso privilégio.

Introdução

Adriano Scandolara

John Milton (Londres, 1608-1674) até hoje é um dos mais influentes poetas. É irrefutável o impacto que seu *Paradise Lost* (*Paraíso Perdido*) exerceu (e ainda exerce) sobre escritores, artistas plásticos, ilustradores, músicos, dramaturgos, cineastas, roteiristas e quadrinistas de todo o mundo e de todos os tempos desde sua primeira publicação em 1667. Mas, para além desse épico, o inglês deixou vasto legado em prosa e verso, que inclui diversos poemas (escritos também em idiomas como latim, italiano e grego), peças dramáticas, tratados e panfletos políticos (com destaque para *Areopagitica*, de 1644, citado em casos jurídicos de liberdade de imprensa nos EUA). Um último texto do autor foi ainda descoberto em novembro de 1823, 148 anos após sua morte: um tratado teológico inacabado, em latim, com o título *De Doctrina Christiana* ("Sobre a Doutrina Cristã"). Estava misturado a uma pilha de documentos burocráticos da época em que Milton foi funcionário público.

Já cego, pobre e debilitado, após ter sido preso com a derrota do movimento republicano, para o qual trabalhou, a última obra que o antimonarquista Milton publicou em vida foi *Paradise Regained* (*Paraíso Reconquistado*),[1] cuja primeira edição data de 1671 e traz junto o drama em versos brancos *Samson Agonistes* (*Sansão Agonista*), que apresentamos aqui em tradução inédita.

Sansão Agonista é uma obra dramática de 1.758 versos, inspirada na forma da tragédia grega e na história bíblica de Sansão, que aparece no livro *Juízes*. Como não se tem manuscritos dela, discutiu-se por muito tempo se o poema seria uma composição mais antiga, talvez até de 1640, ou se se tratava mesmo de uma

---

[1] MILTON, John. *Paraíso Reconquistado*. São Paulo: Editora de Cultura, 2014. Indicamos a leitura de sua introdução para mais informações sobre a vida e a obra de John Milton.

obra tardia. Interpretações atuais aceitam esta última possibilidade como mais provável, não apenas pelos possíveis paralelos com a vida de Milton, ou alusões ao *Paraíso Perdido*, mas também por certos elementos textuais, sobretudo um experimentalismo que pode ser visto como a culminação de seu projeto poético.

O legado de *Sansão Agonista* não chega a ter o alcance daquele do *Paraíso Perdido*, mas alguns autores e obras importantes lhe prestam tributo. William Blake (1757-1827), por exemplo, em *Poetical Sketches* (*Esboços Poéticos*) inclui um poema em prosa chamado "Samson" sobre o diálogo entre Sansão e Dalila antes de ela cortar os cabelos dele, que, sem aludir a Milton de modo explícito, apresenta uma dicção reminiscente do poema dramático. T.S. Eliot (1888-1965), apesar de estar entre os detratores modernistas de Milton, deixa óbvio que tinha a obra em mente quando compôs seu *Sweeney Agonistes* (1926), uma peça poética inacabada que remete a Milton não só pelo título mas também pela situação geral do poema em que o protagonista Sweeney (presente em outros poemas de Eliot) se vê como uma figura "espiritualmente marginalizada num mundo corrompido" (TIWARI; TIWARI, 2007, p. 42), que destrói a si mesmo ao investir contra tal mundo.

Aldous Huxley (1894-1963), por sua vez, já mais alinhado a Milton e Blake, deriva do verso 41 de *Sansão Agonista* o título de seu romance *Eyeless in Gaza* (*Sem olhos em Gaza*), de 1936, um tipo de *Bildungsroman* (romance de formação) baseado na jornada espiritual do autor, cuja relação de (quase) cegueira com um visionarismo espiritual interior espelhava, para ele, a vida do próprio Milton. Como um último exemplo, podemos citar um diálogo do *Sansão* de Milton com a música: o oratório *Sansão* (HWV 57), de George Friedrich Händel (1685-1759), composto entre 1741 e 1742, com libreto de Newburgh Hamilton (1691-1761). Apresentado pela primeira vez em 1743 e tido entre as maiores obras do compositor, o oratório segue as linhas gerais da narrativa de *Sansão Agonista* e, em diversos trechos, emprega *ipsis litteris* o texto de Milton ou o utiliza como base para estrofes mais curtas e concisas, de modo que os acréscimos originais do libretista se encontram sobretudo nas árias.

Independentemente de sua recepção e fama, porém, *Sansão Agonista*, sobretudo pelos temas que explora, certamente há de ser de interesse para o leitor contemporâneo. Temos diante de nós um poema sobre conflito espiritual, dilemas conjugais, patriotismo, liberdade e sacrifício – questões espinhosas que transitam por caminhos incômodos do espaço entre o indivíduo e o coletivo e que recebem, em John Milton, o tratamento humano e poeticamente maduro que lhes é devido.

O verso e a tradução

Ao longo de toda sua trajetória como autor, Milton explorou formas poéticas variadas, desde os metros clássicos para os seus *Poemata* e as formas tradicionais do verso inglês, como o soneto e o dístico heroico, até o uso épico do verso branco em *Paraíso Perdido* e *Paraíso Reconquistado* – uma forma comum para o teatro, mas estranha, à época, para poemas desse porte. No *Sansão Agonista*, porém, o verso branco em pentâmetros jâmbicos,[2] com óbvias influências teatrais shakespearianas, é o ponto de partida sobre o qual o criador opera algumas irregularidades dignas de comentário.

A primeira que se observa ao folhear o poema diz respeito ao uso de uma variedade de versos que não se limita apenas ao pentâmetro jâmbico, como já no monólogo de abertura de *Sansão*. No verso 82 – *Without all hope of day!* –, observa-se um verso de 6 sílabas, e não 10, que forma um trímetro jâmbico. O mesmo pode ser notado na sequência, ainda dentro do monólogo de Sansão, nos versos 86, 87, 88, 92 etc. A fala do coro, que entra logo após, também é rica em versos variados, indo do dímetro (v. 123) ao hexâmetro (v. 127). Na resposta de Sansão que se segue, o metro volta ao pentâmetro jâmbico e nele se estabiliza, continuando

---

[2] Verso branco quer dizer verso sem rimas e o pentâmetro jâmbico, que é a forma padrão do verso inglês, é formado por cinco repetições (por isso, *pentâmetro*) de um pé métrico chamado jambo, que consiste de uma sílaba fraca seguida por uma sílaba forte. Ele é mais ou menos equivalente ao decassílabo português.

assim até virem as oscilações posteriores, nos momentos que são descritos pela crítica como "odes", por exemplo, a ode entre os versos 277 e 329, quando chega Manoá, o pai do herói.

 Ao se falar das odes, também é razoável comentar a outra irregularidade da forma poética do *Sansão Agonista*: suas rimas. Apesar de ser primariamente composto em verso branco, nota-se a presença de rimas ocasionais, não de modo sistemático. Elas costumam aparecer de repente, frustrando as expectativas de encontrar esquemas de rima sólidos e frequentes. Há alguns dísticos perdidos na entrada do coro (*proof/aloof*, vv. 134-135, *light/night*, vv. 160-161) e mais algumas rimas na primeira ode, nos vv. 286-289 (*pride/died, death/Shibboleth*) e vv. 304-306 (*diminution/solution, involved/resolved*). Daí em diante, segue-se assim ao longo de todo o poema.

 Nesses casos, observam-se esquemas fixos, ainda que ocasionais (*AABB* e *ABBA*, respectivamente), mas há usos mais irregulares. A estrofe entre os vv. 1018-1033 termina com rimas interpoladas, mas, se formos traçar um esquema para toda a estrofe, ele seria *XXAAXXABXBXXCDDC*, em que XX representa versos sem rima. E há ainda um soneto oculto na ode final, no qual, após a fala de encerramento de Manoá, os últimos 14 versos formam um esquema de rimas *ABABCDCDEFEFEF*. Embora a estrutura estrófica seja de uma estrofe só, ela poderia ser perfeitamente dividida em dois quartetos e dois tercetos. Vale notar, contudo, que não há uniformidade no metro desse soneto final.

 A tradução que ora apresento do *Sansão Agonista* se pretende poética e, por isso, envolve algumas premissas: i) manter o mesmo número de versos (1.758) que o original; ii) considerar como equivalente a relação entre o pentâmetro jâmbico e o verso decassilábico português, para servir de ponto de partida às alterações posteriores; iii) levar em consideração as questões apontadas, como as variações de verso e a presença de rimas, para buscar reproduzi-las em português.

 No entanto, diferentemente de como procedi na tradução de *Prometeu Desacorrentado e outros poemas* (Autêntica, 2015), de Percy Bysshe Shelley, no qual o uso do metro é mais regular, não busquei trabalhar aqui com um verso que reproduzisse em português a lógica rítmica por pé da versificação inglesa. A falta de maior sistematização por parte de Milton, bem como vários problemas de escansão e até de padronização de grafia, no tocante à explicitação das elisões, como aponta Shawcross (2001, p. 20), que levam a uma irregularidade métrica maior, dificultam muito essa possibilidade. Em vez disso, trabalhei com a versificação portuguesa padrão, reproduzindo tais irregularidades conforme aparecem no texto.

As rimas também foram mantidas, em geral nos lugares em que aparecem, mas tomei liberdades para alterá-las nas estrofes em que sua ordem parece ser mais arbitrária. Algumas rimas acidentais acabaram surgindo ainda ao longo da tradução, o que considerei adequado, dado o projeto formal do poema.

Sansão Agonista
um poema dramático

de John Milton

Aristóteles, *Poética*, Cap. 6

Τραγῳδία μίμησις πράξεως σπουδαίας, &c.

Tragoedia est imitatio actionis seriae &c. Per misericordiam et metum perficiens talium affectuum lustrationem.

[A tragédia é uma imitação de uma ação de caráter elevado etc. Por meio da misericórdia e do medo, exerce a libertação dessas emoções.]

Of that sort of Dramatic Poem which is call'd Tragedy

Tragedy, as it was antiently compos'd, hath been ever held the gravest, moralest, and most profitable of all other Poems: therefore said by Aristotle to be of power by raising pity and fear, or terror, to purge the mind of those and such like passions, that is to temper and reduce them to just measure with a kind of delight, stirr'd up by reading or seeing those passions well imitated. Nor is Nature wanting in her own effects to make good his assertion: for so in Physic things of melancholic hue and quality are us'd against melancholy, sowr against sowr, salt to remove salt humours. Hence Philosophers and other gravest Writers, as Cicero, Plutarch and others, frequently cite out of Tragic Poets, both to adorn and illustrate thir discourse. The Apostle Paul himself thought it not unworthy to insert a verse of Euripides into the Text of Holy Scripture, I Cor. 15.33, and Paræus commenting on the Revelation, divides the whole Book as a Tragedy, into Acts distinguisht each by a Chorus of Heavenly Harpings and Song b'tween. Heretofore Men in highest dignity have labour'd not a little to be thought able to compose a Tragedy. Of that honour Dionysius the elder was no less ambitious, then before of his attaining to the Tyranny. Augustus Cæsar also had begun his Ajax, but unable to please his own judgment with what he had begun, left it unfinisht. Seneca the Philosopher is by some thought the Author of those Tragedies (at lest the best of them) that go under that name. Gregory Nazianzen a Father of the Church, thought it not unbeseeming the sanctity of his person to write a Tragedy, which he entitl'd, Christ suffering. This is mention'd to vindicate Tragedy from the small esteem, or rather infamy, which in the account of many it undergoes at this day with other common Interludes; hap'ning through the Poets error of intermixing Comic stuff with Tragic sadness and gravity; or introducing trivial and vulgar persons,

Do tipo de poema dramático chamado tragédia

  A tragédia, tal como composta antigamente, sempre foi tida como o poema mais severo, moral e proveitoso entre todos: daí dizer Aristóteles que tinha o poder de suscitar piedade e medo, ou terror, de expurgar a mente dessas paixões e outras afins, isto é, de temperá-las e reduzi-las à justa medida com um tipo de deleite, comovendo ao ler ou ver tais paixões bem representadas. Tampouco faltam à Natureza efeitos próprios para fazer jus à sua asserção: pois, assim como na medicina, coisas de tom e qualidade melancólicos são usadas contra a melancolia, azedo contra azedo, e sal para remover humores salsos. Por isso, filósofos e escritores severíssimos, como Cícero, Plutarco e outros, amiúde citam versos de poetas trágicos tanto para adornar como para ilustrar seu discurso. O próprio apóstolo Paulo julgou não indigno inserir um verso de Eurípides no texto das Sagradas Escrituras, *1 Coríntios* 15:33; e Pareus, comentando o *Apocalipse*, divide o livro em atos, como uma tragédia, que são distinguidos cada qual por um coro de harpas celestes entremeado de cantos. Até homens da mais excelsa dignidade empenharam não poucos esforços para serem considerados capazes de escrever tragédias. Desta honra, Dionísio, o Velho, foi não menos ambicioso, antes mesmo de conquistar a tirania. Também Augusto César começou seu *Ájax*, mas, incapaz de contentar seu próprio juízo com o que havia começado, o deixou inacabado. Sêneca, o filósofo, é por alguns considerado o autor das tragédias (pelo menos das melhores) que levam esse nome. Gregório Nazianzeno, um dos Padres da Igreja, acreditava não ser incongruente com a santidade de sua pessoa escrever uma tragédia, que intitulou *Cristo sofredor*. Menciono isso para defender a tragédia contra o desprezo, ou melhor, a condenação a qual, no juízo de muitos, ela sofre nestes dias, junto com interlúdios comuns; sucedendo pelo erro do poeta de misturar material cômico à tristeza e à gravidade trágicas; ou de introduzir pessoas triviais e vulgares,

which by all judicious hath bin counted absurd; and brought in without discretion, corruptly to gratifie the people. And though antient Tragedy use no Prologue, yet using sometimes, in case of self defence, or explanation, that which Martial calls an Epistle; in behalf of this Tragedy coming forth after the antient manner, much different from what among us passes for best, thus much before-hand may be Epistl'd; that Chorus is here introduc'd after the Greek manner, not antient only but modern, and still in use among the Italians. In the modelling therefore of this Poem, with good reason, the Antients and Italians are rather follow'd, as of much more authority and fame. The measure of Verse us'd in the Chorus is of all sorts, call'd by the Greeks Monostrophic, or rather Apolelymenon, without regard had to Strophe, Antistrophe or Epod, which were a kind of Stanza's fram'd only for the Music, then us'd with the Chorus that sung; not essential to the Poem, and therefore not material; or being divided into Stanza's or Pauses, they may be call'd Allæostropha. Division into Act and Scene referring chiefly to the Stage (to which this work never was intended) is here omitted.

It suffices if the whole Drama be found not produc't beyond the fift Act, Of the style and uniformitie, and that commonly call'd the Plot, whether intricate or explicit, which is nothing indeed but such œconomy, or disposition of the fable as may stand best with verisimilitude and decorum; they only will best judge who are not unacquainted with Æschylus, Sophocles, and Euripides, the three Tragic Poets unequall'd yet by any, and the best rule to all who endeavour to write Tragedy. The circumscription of time wherein the whole Drama begins and ends, is according to antient rule, and best example, within the space of 24 hours.

o que, por todos os judiciosos, é considerado absurdo; e inseridas sem discernimento, corruptamente, para agradar o povo. Embora a tragédia antiga não dispusesse de prólogo, ainda que usando, por vezes, em caso de defesa prévia, ou explicação, aquilo que Marcial chama de epístola; em nome desta tragédia à maneira antiga, muito diferente daquilo que entre nós se passa por melhor, possa ela ser antecipadamente epistolada; o coro aqui introduzido à moda grega não é apenas o antigo, mas também o moderno, ainda em uso entre os italianos. Portanto, no modelo deste poema, com bom motivo, segui mais os antigos e italianos, de maior autoridade e fama. A contagem do verso usada no coro é de todos os tipos, chamada pelos gregos de *monóstrofa*, ou *apolelimênon*, sem atentar para *estrofe*, *antístrofe* ou *epodo*, que eram tipos de estrofação pensados apenas para a música, para coros cantantes; inessenciais para o poema e, portanto, materiais dispensados; ou então, quando dividido em estrofes ou pausas, podem ser chamadas *aleóstrofes*.

As divisões em atos e cenas, destinadas principalmente para o palco (ao qual esta obra jamais foi destinada), foram aqui omitidas. Basta que o drama inteiro, produzido não além do quinto ato, tenha estilo e uniformidade e aquilo que comumente se chama enredo, intricado ou explícito – que de fato não é mais que a economia ou a disposição da fábula –, bem se ajuste à verossimilhança e à conduta –, isso tudo será mais bem julgado apenas por aqueles que não desconhecem Ésquilo, Sófocles e Eurípides, os três poetas trágicos aos quais nenhum se iguala, e são a melhor norma para todos os que se empenham em escrever uma tragédia. A circunscrição do tempo no qual todo o drama começa e termina segue a regra antiga e melhor exemplo: o intervalo de 24 horas.

The Argument

Samson made Captive, Blind, and now in the Prison at Gaza, there to labour as in a common work-house, on a Festival day, in the general cessation from labour, comes forth into the open Air, to a place nigh, somewhat retir'd there to sit a while and bemoan his condition. Where he happens at length to be visited by certain friends and equals of his tribe, which make the Chorus, who seek to comfort him what they can; then by his old Father Manoa, who endeavours the like, and withal tells him his purpose to procure his liberty by ransom; lastly, that this Feast was proclaim'd by the Philistins as a day of Thanksgiving for thir deliverance from the hands of Samson, which yet more troubles him. Manoa then departs to prosecute his endeavour with the Philistian Lords for Samson's redemption; who in the mean while is visited by other persons; and lastly by a publick Officer to require his coming to the Feast before the Lords and People, to play or shew his strength in thir presence; he at first refuses, dismissing the publick Officer with absolute denyal to come; at length perswaded inwardly that this was from God, he yields to go along with him, who came now the second time with great threatnings to fetch him; the Chorus yet remaining on the place, Manoa returns full of joyful hope, to procure e're long his Sons deliverance: in the midst of which discourse an Ebrew comes in haste confusedly at first; and afterward more distinctly relating the Catastrophe, what Samson had done to the Philistins, and by accident to himself; wherewith the Tragedy ends.

Argumento

      Sansão, escravizado, cego e agora aprisionado em Gaza, onde labuta como numa casa de trabalhos forçados, num dia festivo, em que cessam todos os trabalhos, sai ao ar livre, num lugar próximo e meio retirado, para passar um tempo sentado e lamentar sua condição. Nisso, ocorre de ser visitado por certos amigos e iguais de sua tribo, que compõem o Coro e buscam reconfortá-lo como podem; depois, por seu pai, o velho Manoá, que intenta o mesmo e, além disso, lhe conta seu propósito de obter a liberdade dele, pagando resgate, e, por fim, que esse festim foi proclamado pelos filisteus como um dia de ação de graças por sua libertação das mãos de Sansão, o que mais ainda o atormenta. Manoá parte, então, para levar a cabo seu plano com os senhores filisteus, de remir Sansão, que, nesse ínterim, recebe a visita de outras pessoas e, por último, de um Oficial, que exige sua presença no festim diante dos senhores e do povo, para jogos e demonstrações de força em sua presença; a princípio ele recusa, dispensando o Oficial com a absoluta negação de comparecer; por fim, persuadido internamente de que isso provinha de Deus, acede em acompanhá-lo, no que o Oficial vem uma segunda vez com ameaças para buscá-lo; o Coro permanece ainda no mesmo local, e Manoá retorna cheio de esperanças alegres de em breve adquirir a libertação de seu filho; no meio de seu discurso, um hebreu chega apressado, confuso a princípio; e depois, mais distintamente, relata a catástrofe, o que Sansão fez aos filisteus e, por acidente, a si mesmo; nisso a tragédia termina.

The Persons

SAMSON
MANOA the father of Samson
DALILA his wife
HARAPHA of Gath
PUBLIC OFFICER
MESSENGER
CHORUS of Danites

The Scene before the Prison in Gaza.

SAMSON
A little onward lend thy guiding hand
To these dark steps, a little further on;
For yonder bank hath choice of sun or shade.
There I am wont to sit, when any chance
Relieves me from my task of servile toil,   5
Daily in the common prison else enjoined me,
Where I, a prisoner chained, scarce freely draw
The air, imprisoned also, close and damp,
Unwholesome draught: But here I feel amends,
The breath of Heaven fresh blowing, pure and sweet,   10
With day-spring born; here leave me to respire.
This day a solemn feast the people hold
To Dagon, their sea-idol, and forbid
Laborious works. Unwillingly this rest
Their superstition yields me; hence, with leave   15
Retiring from the popular noise, I seek
This unfrequented place to find some ease;
Ease to the body some, none to the mind
From restless thoughts, that, like a deadly swarm
Of hornets armed, no sooner found alone   20

Dramatis Personae

Sansão
Manoá, pai de Sansão
Dalila, esposa de Sansão
Harafa de Gath, cidade filisteia
Oficial
Mensageiro
Coro de homens da Tribo de Dã

Cena diante da prisão em Gaza.

Sansão
À frente, um pouco mais, dai vossa mão,
para a treva em meus passos, pouco mais;
a encosta adiante oferta sombra ou Sol,
que eu lá me assente, porque todo ensejo
me cede alívio do labor servil,　　　　　　　　　　5
dia após dia na prisão comum,
onde, preso em grilhões, mal posso o ar
livre aspirar, também preso, abafado,
vento malsão: mas cá sou compensado,
frescor que o Céu alenta, suave e puro,　　　　　10
da alva nascido; aqui vou recompor-me.
Hoje a nação celebra Dágon, ídolo
seu marinho, em festim solene, e proíbe
todo trabalho, involuntário eu cedo
ao repousar supersticioso; assim,　　　　　　　　15
me afastando da grita vulgar, venho
a este lugar deserto atrás de paz,
ao corpo alguma paz, nenhuma à mente,
dos pensares inquietos, como enxame
de mortíferas vespas, nunca sós,　　　　　　　　20

But rush upon me thronging, and present
Times past, what once I was, and what am now.
Oh, wherefore was my birth from Heaven foretold
Twice by an Angel, who at last, in sight
Of both my parents, all in flames ascended   25
From off the altar where an offering burned,
As in a fiery column charioting
His godlike presence, and from some great act
Or benefit revealed to Abraham's race?
Why was my breeding ordered and prescribed   30
As of a person separate to God,
Designed for great exploits, if I must die
Betrayed, captived, and both my eyes put out,
Made of my enemies the scorn and gaze,
To grind in brazen fetters under task   35
With this heaven-gifted strength? O glorious strength,
Put to the labor of a beast, debased
Lower than bond-slave! Promise was that I
Should Israel from Philistian yoke deliver;
Ask for this great Deliverer now, and find him   40
Eyeless in Gaza, at the mill with slaves,
Himself in bonds under Philistian yoke.
Yet stay; let me not rashly call in doubt
Divine prediction. What if all foretold
Had been fulfilled but through mine own default?   45
Whom have I to complain of but myself,
Who this high gift of strength committed to me,
In what part lodged, how easily bereft me,
Under the seal of silence could not keep,
But weakly to a woman must reveal it,   50
O'ercome with importunity and tears?
O impotence of mind in body strong!
But what is strength without a double share
Of wisdom? Vast, unwieldly, burdensome,
Proudly secure, yet liable to fall   55

mas que chegam em multidão e mostram
o passado, o que fui e o que ora sou.
Ó, por que duas vezes viera um anjo
prever que eu nasceria, antes de ao Céu
subir, ante meus pais, em meio ao fogo   25
das aras, onde ardiam oferendas,
como um pilar em chamas, transportando
a presença divina ou de um grande ato
à raça revelado, de Abraão?
Por que ordenada a minha concepção   30
como alguém separado para Deus,
fadado a grandes feitos; morrerei,
traído, capturado, sem os olhos,
em vista e escárnio de inimigos meus;
em cadeias de bronze a labutar   35
co'a força dada pelos Céus? Ó, força
gloriosa, no labor de bestas, vil
mais que um escravo! Era-me a promessa
livrar do jugo filisteu Israel;
onde o seu salvador, perguntai, e ei-lo   40
cego em Gaza no engenho com os servos,
outro cativo, em jugo filisteu;
mas esperai que eu não questione, brusco,
a previsão divina; e se o previsto
por meu descuido fora descumprido,   45
de quem, se não de mim mesmo, reclamo?
Em que parte abrigara quem tal força
me cedera, roubada facilmente
por não guardar eu do silêncio o selo,
que fraco revelei a uma mulher,   50
pela insistência e lágrimas vencido.
Ó espírito impotente, em forte corpo!
Mas que é força incontida pelo duplo
jugo da sapiência, senão vasto
fardo, sujeito à queda, em seu orgulho,   55

By weakest subtleties; not made to rule,
But to subserve where wisdom bears command.
God, when he gave me strength, to shew withal
How slight the gift was, hung it in my hair.
But peace! I must not quarrel with the will   60
Of highest dispensation, which herein
Haply had ends above my reach to know.
Suffices that to me strength is my bane,
And proves the source of all my miseries;
So many, and so huge, that each apart   65
Would ask a life to wail. But, chief of all,
O loss of sight, of thee I most complain!
Blind among enemies! O worse than chains,
Dungeon, or beggary, or decrepit age!
Light, the prime work of God, to me is extinct,   70
And all her various objects of delight
Annulled, which might in part my grief have eased.
Inferior to the vilest now become
Of man or worm, the vilest here excel me:
They creep, yet see; I, dark in light, exposed   75
To daily fraud, contempt, abuse and wrong,
Within doors, or without, still as a fool,
In power of others, never in my own;
Scarce half I seem to live, dead more than half.
O dark, dark, dark, amid the blaze of noon,   80
Irrecoverábly dark, total eclipse
Without all hope of day!
O first-created Beam, and thou great Word,
"Let there be light, and light was over all";
Why am I thus bereaved thy prime decree?   85
The Sun to me is dark
And silent as the Moon,
When she deserts the night,
Hid in her vacant interlunar cave.
Since light so necessary is to life,   90

co'a menor sutileza, indigno ao trono:
deve aos mandos servir da sapiência.
Deus deu-me força e, p'ra mostrar que frágil
era seu dom, pendeu-a em meus cabelos.
Paz, porém! Não contestarei a altíssima   60
vontade, cujos fins tem, felizmente,
acima de onde alcança o meu saber:
basta que a minha perdição e fonte
das minhas dores seja a minha força;
tantas e tão imensas que cada uma   65
pede uma vida de lamentos, Ó
cegueira, és a terrível mais que todas!
Cego entre imigos, Ó, pior que grilhos,
decrepitude, ou cárcere, ou penúria!
Luz, de Deus a obra-prima, me é extinta,   70
e todo objeto vário seu de gozo
anulado, que o luto abrandaria,
eu, feito inferior mesmo ao mais vil
verme ou homem: supera-me o mais vil
que rasteja, mas vê; já eu, em trevas,   75
sofro à luz com desdém, abuso e fraude,
trás-as-portas ou não, qual tolo sempre,
nunca a meu próprio mando, só dos outros;
mal vivendo, já mais que meio morto.
Ó trevas, trevas, trevas: arde o zênite   80
e eis: Eclipse total, trevas sem cura,
nem 'sperança de aurora!
Ó Facho primogênito, e tu, Grande
Verbo, faça-se a luz, e a luz se fez;
por que o primo decreto me abandona?   85
A mim é o Sol silente
e sombrio como a Lua,
quando deserta a noite,
na vaga furna interlunar oculta.
Sendo tão necessária a luz à vida,   90

And almost life itself, if it be true
That light is in the soul,
She all in every part, why was the sight
To such a tender ball as th'eye confined,
So obvious and so easy to be quenched, 95
And not, as feeling, through all parts diffused,
That she might look at will through every pore?
Then had I not been thus exiled from light,
As in the land of darkness, yet in light,
To live a life half dead, a living death, 100
And buried; but, O yet more miserable!
Myself my sepulchre, a moving grave,
Buried, yet not exempt,
By privilege of death and burial,
From worst of other evils, pains, and wrongs; 105
But made hereby obnoxious more
To all the miseries of life,
Life in captivity
Among inhuman foes.
But who are these? for with joint pace I hear 110
The tread of many feet steering this way;
Perhaps my enemies, who come to stare
At my affliction, and perhaps to insult,
Their daily practice to afflict me more.

CHORUS
This, this is he; softly a while; 115
Let us not break in upon him.
O change beyond report, thought, or belief!
See how he lies at random, carelessly diffused,
With languished head unpropt,
As one past hope, abandoned, 120
And by himself given over,
In slavish habit, ill-fitted weeds
O'er-worn and soiled.

e quase a vida em si, se for verdade
que a luz está na alma,
que é tudo em toda parte, por que ao globo
tão frágil do olho confinou-se a vista?
Alvo fácil, tão óbvio de apagar-se, 95
não como o tato, em tudo difundido,
que pudesse enxergar por todo poro?
Não fora assim exilado eu da luz;
como em terra de treva, ainda em luz,
a viver semimorto, a morte em vida, 100
e sepulto; mas, ah, inda mais mísero!
Eu mesmo meu sepulcro, tumba em carne,
sepulto, e não isento,
por via da morte e do enterro,
de piores injúrias, dores, males, 105
mas aqui mais obnóxio ainda
às mazelas todas da vida,
vida no cativeiro
de imigos inumanos.
Mas quem chega? Pois ouço o passo unido 110
de vários pés a vir em meu caminho;
talvez meus inimigos, que vêm ver
minha aflição e me insultar, talvez,
mais me afligindo, como todo dia.

Coro
Este, este é ele; com calma, 115
que nós não o surpreendamos;
muda inaudita, incrível, impensável!
Vede como se desparrama incauto, ao léu,
a fronte baixa e lânguida,
como alguém, em desespero, 120
abandonado à sua sorte;
escravo em trapos que mal lhe servem,
gastos e imundos;

Or do my eyes misrepresent? Can this be he,
That heroic, that renowned,   125
Irresistible Samson? whom, unarmed,
No strength of man, or fiercest wild beast, could withstand;
Who tore the lion as the lion tears the kid;
Ran on embattled armies clad in iron,
And, weaponless himself,   130
Made arms ridiculous, useless the forgery
Of brazen shield and spear, the hammered cuirass,
Chalybean-tempered steel, and frock of mail
Adamantean proof;
But safest he who stood aloof,   135
When insupportably his foot advanced,
In scorn of their proud arms and warlike tools,
Spurned them to death by troops. The bold Ascalonite
Fled from his lion ramp; old warriors turned
Their plated backs under his heel.   140
Or grovelling soiled their crested helmets in the dust.
Then with what trivial weapon came to hand,
The jaw of a dead ass, his sword of bone,
A thousand foreskins fell, the flower of Palestine,
In Ramath-lechi, famous to this day: 145
Then by main force pulled up, and on his shoulders bore,
The gates of Azza, post and massy bar,
Up to the hill by Hebron, seat of giants old,
No journey of a sabbath-day, and loaded so;
Like whom the Gentiles feign to bear up Heaven.   150
Which shall I first bewail,
Thy bondage or lost sight,
Prison within prison
Inseparably dark?
Thou art become (O worst imprisonment!)   155
The dungeon of thyself; thy soul
(Which men enjoying sight oft without cause complain)
Imprisoned now indeed,

ou se equivocam os olhos meus? É mesmo ele,
o renomado, o heroico, 125
invencível Sansão? Que, com mãos nuas,
a força de homens e de feras subjugava;
que espedaçou o leão, como este ao cabrito;
que as tropas enfrentou, de ferro armadas,
e, sem espada à mão, 130
de toda arma fez troça, a ferraria inútil
de escudo e lança, o peitoral bem martelado,
a adamantina cota de malha, o temp'rado
aço calibeu;
porém ia a salvo, inabalável, 135
ao avançar seu passo aterrador,
de desdém a armas e instrumentos márcios,
matou-os sob as tropas. Bravo, o ascaloneu
foge à fúria leonina, veteranos
se torcem no arnês, sob seus pés; 140
ou decumbentes sujam seus elmos no pó.
E que banal a espada que encontrou,
com fio de osso, a mandíbula de um asno,
que tombou mil prepúcios em Ramath-lechi,
de viva fama, a flor da Palestina: 145
com que força arrancou, trazendo sobre os ombros
os portões d'Aza, com batente e tranca,
até o morro de Hebrom, dos gigantes assento,
jornada estranha ao Sábado, e tão carregado;
qual quem, para os gentios, sustenta o Céu. 150
O que lamento mais,
teu cárcere ou cegueira?
Prisão noutra prisão
no escuro inseparável,
tu te tornaste (Ó, pior prisão!) 155
de ti próprio a masmorra; a alma
(que os que enxergam reclamam tanto sem motivo),
presa agora de fato,

In real darkness of the body dwells,
Shut up from outward light   160
To incorporate with gloomy night;
For inward light, alas,
Puts forth no visual beam.
O mirror of our fickle state,
Since man on earth, unparalleled!   165
The rarer thy example stands,
By how much from the top of wondrous glory,
Strongest of mortal men,
To lowest pitch of abject fortune thou art fallen.
For him I reckon not in high estate   170
Whom long descent of birth,
Or the sphere of fortune, raises;
But them whose strength, while virtue was her mate,
Might have subdued the Earth,
Universally crowned with highest praises.   175

SAMSON
I hear the sound of words; their sense the air
Dissolves unjointed ere it reach my ear.

CHORUS
He speaks: let us draw nigh. Matchless in might,
The glory late of Israel, now the grief;
We come, thy friends and neighbors not unknown.   180
From Eshtaol and Zora's fruitful vale,
To visit or bewail thee; or, if better,
Counsel or consolation we may bring,
Salve to thy sores: apt words have power to swage
The tumors of a troubled mind,   185
And are as balm to festered wounds.

SAMSON
Your coming, friends, revives me; for I learn

habita as veras trevas do teu corpo,
longe da externa luz,   160
e à negra noite se reduz,
pois, ai, que a luz interna
não lança qualquer raio.
Ó espelho da nossa fraqueza,
o homem sem igual sobre a terra!   165
Tão mais raro é o teu exemplo,
pois como, do auge da maviosa glória,
mais forte entre os mortais,
ao rés do chão da abjeta fortuna caíste.
Pois não estimo nobre quem alçado   170
é apenas pela esfera
da fortuna ou por descendência;
mas a ti, que, ao ter força ao dom casado,
subjugaria a Terra,
unânime coroado em reverência.   175

Sansão
Ouço um rumor, mas chega ao meu ouvido
tão desconjunto no ar, que logo o olvido.

Coro
Eis que ele fala: a ti, Ó inigualável,
de Israel velho orgulho, hoje a tristeza,
não como estranhos, mas amigos, viemos   180
de entre Zorá e Estaol o fértil vale
para te visitar, ou lamentar,
ou, melhor, dar conselhos ou consolo,
unguento às tuas chagas, pode a fala
mitigar de uma mente aflita   185
os tumores, bálsamo às úlceras.

Sansão
Vós me animastes, meus amigos, pois

Now of my own experience, not by talk,
How counterfeit a coin they are who friends
Bear in their superscription (of the most   190
I would be understood); in prosperous days
They swarm, but in adverse withdraw their head,
Not to be found, though sought. Ye see, O friends;
How many evils have enclosed me round;
Yet that which was the worst now least afflicts me,   195
Blindness; for, had I sight, confused with shame,
How could I once look up, or heave the head,
Who, like a foolish pilot, have shipwrecked
My Vessel trusted to me from above,
Gloriously rigged, and for a word, a tear,   200
Fool! have divulged the secret gift of God
To a deceitful woman: Tell me, friends,
Am I not sung and proverbed for a fool
In every street; Do they not say, "How well
Are come upon him his deserts"? Yet why?   205
Immeasurable strength they might behold
In me; of wisdom nothing more than mean.
This with the other should at least have paired,
These two, proportioned ill, drove me transverse.

CHORUS
Tax not divine disposal; wisest men   210
Have erred, and by bad women been deceived;
And shall again, pretend they ne'er so wise.
Deject not, then, so overmuch thyself,
Who hast of sorrow thy full load besides;
Yet, truth to say, I oft have heard men wonder   215
Why thou should'st wed Philistian women rather
Than of thine own tribe fairer, or as fair,
At least of thy own nation, and as noble.

aprendi da experiência, não de histórias,
que moedas falsas são estas que "amigos"
lê-se em sua inscrição (a maioria, 190
creio) a enxamear nos dias prósperos,
mas retiram a fronte nos adversos,
buscados, mas não encontrados. Vede,
Ó amigos, quantos males me cercaram:
mas o que era o pior menos me aflige, 195
o pejo funde-se à cegueira: eu via,
podia erguer a fronte outrora, os olhos,
que como um nauta estulto naufraguei
o lenho confiado a mim de cima,
mastreado em glória; e por palavras, lágrimas, 200
estulto, divulguei de Deus a dádiva
secreta a uma mulher de ardis: dizei,
não sou o estulto das canções, provérbios,
que ouvem, amigos, pelas ruas? Não
contam como ganhei o que mereço? 205
Mas por quê? Desmedida força podem
contemplar em mim, não sabedoria;
esta à outra devia fazer par,
mas tais más proporções me transverteram.

Coro
De Deus o plano tu não culpes, ímpias 210
mulheres aos mais sábios já lograram;
e lograrão, quais sábios jamais fossem.
Não te sobrecarregues mais co'os fardos
do teu pesar, pois tu já os tens que baste;
mas os homens perguntam, é verdade, 215
por que uma filisteia desposaste
em vez de uma mulher da própria tribo,
tão ou mais bela, nobre, em tua nação.

Samson
The first I saw at Timna, and she pleased
Me, not my parents, that I sought to wed 220
The daughter of an Infidel; they knew not
That what I motioned was of God; I knew
From intimate impulse, and therefore urged
The marriage on, that, by occasion hence,
I might begin Israel's deliverance, 225
The work to which I was divinely called;
She proving false, the next I took to wife
(O that I never had! found wish too late)
Was in the vale of Sorec, Dalila,
That specious monster, my accomplished snare. 230
I thought it lawful from my former act,
And the same end, still watching to oppress
Israel's oppressors: Of what now I suffer
She was not the prime cause, but I myself,
Who, vanquished with a peal of words (O weakness!) 235
Gave up my fort of silence to a woman.

Chorus
In seeking just occasion to provoke
The Philistine, thy country's enemy,
Thou never wast remiss, I bear thee witness:
Yet Israel still serves with all his sons. 240

Samson
That fault I take not on me, but transfer
On Israel's governors and heads of tribes,
Who, seeing those great acts which God had done
Singly by me against their conquerors,
Acknowledged not, or not at all considered, 245
Deliverance offered: I, on th'other side,
Used no ambition to commend my deeds,
The deeds themselves, though mute, spoke loud the doer;

SANSÃO
A primeira em Timnate eu vi e me aprouve,
não a meus pais, por vir a desposar   220
de um infiel a filha: não sabiam
que esse intento de Deus partia; e soube
por um íntimo impulso e insisti
no matrimônio; assim, pela ocasião,
a livrar Israel principiaria,   225
obra que me era a vocação divina;
mas me enganei e vim depois casar-me
(Ó desejo tardio, nunca o tivesse!)
no Vale de Soreque, com Dalila,
monstro especioso e sólida armadilha.   230
Por causa dantes, lícito julguei
o ato, p'ra o mesmo fim; os opressores
de Israel oprimir anseio ainda,
pelo que sofro, culpo a mim, não ela,
que à mulher, por clamores (Ó fraqueza!)   235
capto, cedi meu forte de silêncio.

CORO
Em buscar a ocasião de provocar
o filisteu, do teu país imigo,
sou testemunha, nunca foste omisso:
mas de Israel os filhos inda o servem.   240

SANSÃO
Tal culpa eu não assumo, mas transfiro-a
a quem rege Israel, das tribos líderes,
que, vendo os grandes atos por Deus feitos
só através de mim contra os seus algozes,
não os reconheceram, nem pensaram   245
no livramento oferto: eu, no outro lado,
estimo os feitos meus sem ambição:
mesmo mudos, brasonam quem os fez;

But they persisted deaf, and would not seem
To count them things worth notice, till at length   250
Their lords, the Philistines, with gathered powers,
Entered Judea, seeking me, who then
Safe to the rock of Etham was retired,
Not flying, but forecasting in what place
To set upon them, what advantaged best;   255
Meanwhile the men of Judah, to prevent
The harass of their land, beset me round;
I willingly on some conditions came
Into their hands, and they as gladly yield me
To the Uncircumcised a welcome prey,   260
Bound with two cords. But cords to me were threads
Touched with the flame: on their whole host I flew
Unarmed, and with a trivial weapon felled
Their choicest youth; they only lived who fled.
Had Judah that day joined, or one whole tribe,   265
They had by this possessed the Towers of Gath,
And lorded over them whom now they serve.
But what more oft, in nations grown corrupt,
And by their vices brought to servitude,
Than to love bondage more than liberty,   270
Bondage with ease than strenuous liberty;
And to despise, or envy, or suspect,
Whom God hath of his special favor raised
As their deliverer; If he aught begin,
How frequent to desert him and at last   275
To heap ingratitude on worthiest deeds?

CHORUS
Thy words to my remembrance bring
How Succoth and the fort of Penuel
Their great deliverer contemned,
The matchless Gideon, in pursuit   280
Of Madian, and her vanquished kings:

mas persistiram na surdez, julgando-os
quais coisas sem valor, até os senhores 250
dos filisteus com forças agrupadas
entrarem na Judeia em meu encalço,
e eu na rocha de Etã busquei abrigo,
não em fuga, mas calculando de onde
emboscá-los e como proceder; 255
enquanto isso, em Judá, a fim de evitar
uma invasão, seu povo me cercou;
e eu me entreguei sob certas condições
às mãos deles, cedido então de bom
grado aos incircuncisos, presa fácil, 260
com duas cordas amarrado; cordas
que me eram como fios no fogo: da hoste
toda escapo e, banal a arma em mão, ceifo
seus mais viçosos; vive quem fugiu.
Viesse Judá comigo, até uma tribo 265
só, as Torres de Gath conquistaríamos,
dominando a quem eles ora servem;
e o que é mais típico às nações corruptas,
à servidão trazidas por seus vícios,
que amar mais a prisão que a liberdade, 270
prisão fácil, sofrida liberdade;
e invejar, desprezar ou suspeitar
de quem por Deus criado, em seus auspícios,
para livrá-los; se é dele tal obra,
o que se espera, ao desertá-lo, enfim, 275
se não colher vileza e ingratidão?

Coro
O que dizes traz à lembrança
como Sukot e o Forte de Penuel
desprezaram seu livrador,
Gideão, o sem rival, no encalço 280
de Midian e seus reis vencidos:

And how ingrateful Ephraim
Had dealt with Jephtha, who by argument,
Not worse than by his shield and spear,
Defended Israel from the Ammonite, 285
Had not his prowess quelled their pride
In that sore battle when so many died
Without reprieve, adjudged to death
For want of well pronouncing Shibboleth.

SAMSON
Of such examples add me to the roll, 290
Me easily indeed mine may neglect,
But God's proposed deliverance not so.

CHORUS
Just are the ways of God,
And justifiable to men;
Unless there be who think not God at all. 295
If any be, they walk obscure;
For of such doctrine never was there school,
But the heart of the Fool,
And no man therein doctor but himself.

Yet more there be who doubt his ways not just, 300
As to his own edicts found contradicting;
Then give the reins to wandering thought,
Regardless of his glory's diminution;
Till, by their own perplexities involved,
They ravel more, still less resolved, 305
But never find self-satisfying solution.

As if they would confine th'Interminable,
And tie him to his own prescript,
Who made our Laws to bind us, not himself,
And hath full right to exempt 310

e com que ingratidão Efráim
lidara com Jefté, que com a voz,
temível como escudo e lança,
a Israel defendeu dos amoneus,   285
não fosse sua altivez destruída
pelas perdas daquela dura lida,
quando eis que a morte os acomete
por mal pronunciarem xibolete.

SANSÃO
Podes somar-me então a tais exemplos,   290
negligenciar-me fácil é aos meus,
mas não a livração que Deus propõe.

CORO
Justas, as leis de Deus,
e justificáveis aos homens;
exceto aos que o não creem ser Deus, se houver,   295
se existirem, seguem obscuros;
pois tal doutrina nunca teve escola,
só o coração do néscio,
e ele só dela o único doutor.

Mas muitos há que em suas leis têm dúvidas,   300
que creem contraditórios os seus éditos
e dão rédeas aos devaneios,
ignorando a diminuição da sua glória;
té que, em seus próprios erros envolvidos,
mais se embrenham, irresolvidos,   305
nunca encontrando solução satisfatória.

Desejam confinar o interminável
e atá-lo aos seus próprios prescritos,
que Ele os preceitos fez, não para si,
mas para nós, e pode,   310

Whom so it pleases him by choice
From national obstriction, without taint
Of sin, or legal debt;
For with his own laws he can best dispense.

He would not else, who never wanted means, 315
Nor in respect of th'enemy just cause,
To set his people free,
Have prompted this heroic Nazarite,
Against his vow of strictest purity,
To seek in marriage that fallacious bride, 320
Unclean, unchaste.

Down, Reason, then; at least, vain reasonings down;
Though Reason here aver
That moral verdict quits her of unclean:
Unchaste was subsequent; her stain, not his. 325

But see! here comes thy reverend sire,
With careful step, locks white as down,
Old Manoa: advise
Forthwith how thou ought'st to receive him.

SAMSON
Ay me, another inward grief, awaked, 330
With mention of that name, renews th'assault.

MANOA
Brethren and men of Dan, for such ye seem
Though in this uncouth place; if old respect,
As I suppose, towards your once gloried friend,
My son, now captive, hither hath informed 335
Your younger feet, while mine, cast back with age,
Came lagging after; say if he be here.

supremo, isentar quem quiser
da obstrição nacional, sem qualquer mácula
de dívida ou pecado;
é quem melhor dispensa suas leis.

Não teria, do contrário, não faltando   315
meios, nem bons motivos do inimigo,
para livrar seu povo,
conduzido este heroico nazireu
a violar seu voto de pureza,
noiva falaz buscando desposar,   320
impura, incasta.

Abaixo a Razão, ou ao menos vãs razões,
mas cá a Razão declara
que de impureza o veredicto a absolve:
de incasta, subsequente, é sua mácula.   325

Vê, chega teu pai venerável,
passo aflito, as cãs quais penugem,
o velho Manoá:
instrui-nos sobre como recebê-lo.

Sansão
Ai de mim, outra dor dentro desperta   330
redobra esforços à menção do nome.

Manoá
Irmãos e homens de Dã, pois tal parecem-me,
mesmo que em terra estranha; se o respeito
de outrora pelo vosso amigo egrégio,
como suponho, o filho meu cativo,   335
cá traz vossos pés jovens, co'os meus, velhos,
tardando atrás; dizei se ele está aqui.

CHORUS
As signal now in low dejected state
As erst in highest, behold him where he lies.

MANOA
O miserable change! is this the man, 340
That invincible Samson, far renowned,
The dread of Israel's foes, who with a strength
Equivalent to Angels' walked their streets,
None offering fight; who, single combatant,
Duelled their armies ranked in proud array, 345
Himself an Army, now unequal match
To save himself against a coward armed
At one spear's length. O ever-failing trust
In mortal strength! and, oh, what not in man
Deceivable and vain! Nay, what thing good 350
Prayed for, but often proves our woe, our bane?
I prayed for children, and thought barrenness
In wedlock a reproach; I gained a son,
And such a son as all men hailed me happy:
Who would be now a father in my stead? 355
Oh, wherefore did God grant me my request,
And as a blessing with such pomp adorned?
Why are his gifts desirable, to tempt
Our earnest prayers, then, given with solemn hand
As graces, draw a scorpion's tail behind? 360
For this did th'Angel twice descend? for this
Ordained thy nurture holy, as of a plant?
Select and sacred, glorious for a while,
The miracle of men: then in an hour
Ensnared, assaulted, overcome, led bound, 365
Thy foes' derision, captive, poor and blind,
Into a dungeon thrust, to work with slaves?
Alas! methinks whom God hath chosen once
To worthiest deeds, if he through frailty err,

CORO
Como um sinal, em tão abjeto estado
quanto outrora eminente, ei-lo onde jaz.

MANOÁ
Ó mudança infeliz! Este é o homem, 340
invencível Sansão, de amplo renome?
Terror do imigo de Israel, que andou
suas ruas, com força igual aos anjos,
sem quem o desafiasse; que sozinho
duelou entre as falanges orgulhosas 345
das hostes, ele mesmo a própria hoste,
ora indefeso contra a mão covarde
ao alcance da lança. Como és pérfida,
Ó força dos mortais! E, ah, o que no homem
não há de tolo e vão! O quanto oramos 350
pelo que é bom, e eis que é nossa desdita?
Eu orei por querer um filho, opróbrio
sendo o consórcio infértil; ganho um filho,
e tal que os homens todos creem-me próspero;
que outro pai ora inveja o meu lugar? 355
Ó, por que respondeu-me Deus à prece
e como bênção de tal pompa ornada?
Por que atraentes são seus dons, tentando
nossa prece, então dados com mão grave
por Graça, a cauda do escorpião atrás? 360
Foi p'ra isso a dupla vinda do anjo? P'ra isso
instruída sacra tua criação, qual planta;
eleito e santo, brevemente insigne,
o milagre dos homens: e, numa hora,
traído, subjugado, acorrentado, 365
alvo de escárnio, cego, vil, cativo,
lançado ao calabouço, ao labor 'scravo?
Ai, que penso que, quando Deus elege
alguém p'ra grandes feitos, fraquejar

45

He should not so o'erwhelm, and as a thrall 370
Subject him to so foul indignities,
Be it but for honor's sake of former deeds.

SAMSON
Appoint not heavenly disposition, father,
Nothing of all these evils hath befallen me
But justly; I myself have brought them on; 375
Sole author I, sole cause; if aught seem vile,
As vile hath been my folly, who have profaned
The mystery of God, given me under pledge
Of vow, and have betrayed it to a woman,
A Canaanite, my faithless enemy. 380
This well I knew, nor was at all surprised,
But warned by oft experience. Did not she
Of Timna first betray me, and reveal
The secret wrested from me in her height
Of nuptial love professed, carrying it straight 385
To them who had corrupted her, my spies
And rivals? In this other was there found
More faith? who, also in her prime of love,
Spousal embraces, vitiated with gold,
Though offered only, by the scent conceived 390
Her spurious first-born, Treason against me?
Thrice she assayed, with flattering prayers and sighs,
And amorous reproaches, to win from me
My capital secret, in what part my strength
Lay stored, in what part summed, that she might know; 395
Thrice I deluded her, and turned to sport
Her importunity, each time perceiving
How openly and with what impudence
She purposed to betray me, and (which was worse
Than undissembled hate) with what contempt 400
She sought to make me traitor to myself.
Yet, the fourth time, when, mustering all her wiles,

não devia trazer-lhe tanto agravo, 370
às injúrias mais sórdidas sujeito,
fosse pela honra ou pelos velhos feitos.

Sansão
Pai, os desígnios celestiais não culpes,
dos meus males nenhum me sobreveio
injustamente; eu mesmo os cumulei, 375
só eu a causa e o autor: se vis,
qual vil foi-me a loucura, ter de Deus
profanado os mistérios a mim dados
sob juras, que traí p'ra uma mulher
de Canaã, imigos infiéis. 380
Isso eu bem soube, não fui surpreendido,
mas a experiência deu o aviso: acaso
não fora a de Timnate quem traiu-me
primeiro e meu segredo revelou,
no auge do nupcial amor professado, 385
e levado aos meus espiões, rivais,
que a corromperam? Via-se nesta outra
mais fé, decerto? Que também em pleno
amor, o enlace conjugal, viciado
pelo ouro oferto e só de farejá-lo 390
concebeu seu espúrio primogênito;
traição contra mim? Três vezes tentou,
com lisonja e chantagem, suspirosa,
arrancar meu segredo capital,
qual parte guarda e soma a minha força, 395
p'ra que soubesse: três vezes fugi,
da indiscrição zombando, sempre atento
à impudência, ao descaro com os quais
pretendia trair-me e (tão pior
que o ódio mal disfarçado) seu desdém 400
em fazer de mim mesmo meu traidor;
mas, na quarta, reunindo toda astúcia,

With blandished parleys, feminine assaults,
Tongue-batteries, she surceased not day nor night
To storm me, over-watched and wearied out,   405
At times when men seek most repose and rest,
I yielded, and unlocked her all my heart,
Who, with a grain of manhood well resolved,
Might easily have shook off all her snares;
But foul effeminacy held me yoked   410
Her bond-slave; O indignity, O blot
To Honor and Religion! servile mind
Rewarded well with servile punishment!
The base degree to which I now am fallen,
These rags, this grinding, is not yet so base   415
As was my former servitude, ignoble,
Unmanly, ignominious, infamous,
True slavery; and that blindness worse than this,
That saw not how degenerately I served.

Manoa
I cannot praise thy marriage-choices, son,   420
Rather approved them not; but thou didst plead
Divine impulsion prompting how thou might'st
Find some occasion to infest our foes.
I state not that; this I am sure; our foes
Found soon occasion thereby to make thee   425
Their captive, and their triumph; thou the sooner
Temptation found'st, or over-potent charms,
To violate the sacred trust of silence
Deposited within thee; which to have kept
Tacit was in thy power; true; and thou bear'st   430
Enough, and more, the burden of that fault,
Bitterly hast thou paid, and still art paying;
That rigid score. A worse thing yet remains:
This day the Philistines a popular feast
Here celebrate in Gaza, and proclaim   435

com loas, investidas feminis,
a vergasta da língua, dia e noite
me atormenta, implacável, e cansei. 405
Na hora em que os homens mais buscam repouso,
cedi, e a ela destranquei meu cor,
dos ardis mais defeso, se eu tivesse
da masculinidade um grão seguro:
torpe efeminação, porém, deteve-me 410
sob o seu jugo; Ó infâmia, Ó mácula
a honra e religião! Servil, o espírito
com castigo servil é compensado!
A baixeza em que estou, pois, decaído,
a moagem, estes trapos, menos baixa 415
é que a minha servilidade, ignóbil,
ignominiosa, infame, indigna de homem,
eu, vero escravo, cego mais que agora,
sem ver como servi degenerado.

MANOÁ
Pouco louváveis tuas bodas, filho; 420
jamais as aprovei, mas alegaste
divino impulso a te guiar em busca
da chance p'ra infestar nossos imigos.
Certo estou; não afirmo isso; os imigos,
sim, tiveram a chance de fazer-te 425
seu cativo e triunfo; logo achaste
a tentação ou poderoso encanto
a violar do silêncio as sacras juras
em ti depositadas; é verdade;
estava em meu poder mantê-las tácitas; 430
levas que baste já essa culpa e mais;
pagaste amargamente e ainda pagas
essa dívida rígida. Pior,
um festim popular os filisteus
celebram hoje em Gaza; proclamando 435

Great pomp, and sacrifice, and praises loud,
To Dagon, as their god who hath delivered
Thee, Samson, bound and blind, into their hands,
Them out of thine, who slew'st them many a slain.
So Dagon shall be magnified, and God,   440
Besides whom is no god, compared with idols,
Disglorified, blasphemed, and had in scorn
By th'idolatrous rout amidst their wine;
Which to have come to pass by means of thee,
Samson, of all thy sufferings think the heaviest,   445
Of all reproach the most with shame that ever
Could have befallen thee and thy father's house.

SAMSON
Father, I do acknowledge and confess
That I this honor, I this pomp, have brought
To Dagon, and advanced his praises high   450
Among the Heathen round; to God have brought
Dishonor, obloquy, and oped the mouths
Of idolists and atheists; have brought scandal
To Israel, diffidence of God, and doubt
In feeble hearts, propense enough before   455
To waver, or fall off and join with idols:
Which is my chief affliction, shame and sorrow,
The anguish of my soul, that suffers not
Mine eye to harbor sleep, or thoughts to rest.
This only hope relieves me, that the strife   460
With me hath end; all the contest is now
'Twixt God and Dagon. Dagon hath presumed,
Me overthrown, to enter lists with God,
His deity comparing and preferring
Before the God of Abraham. He, be sure,   465
Will not connive, or linger, thus provoked,
But will arise, and his great name assert:
Dagon must stoop, and shall ere long receive

alto louvor, grã pompa e sacrifícios
a Dágon, pois o deus deles livrou-os
de ti, Sansão, entregue cego em grilhos
às suas mãos, que tantos tu mataste.
Dágon será magnificado, e Deus, 440
além do qual nenhum Deus há, com ídolos
comparado, zombado e blasfemado,
em meio ao vinho, pela turba idólatra;
o que se sucedeu graças a ti,
Sansão, das dores todas, crê, a mais hórrida, 445
mais vergonhoso opróbrio a recair
sobre ti e sobre a casa do teu pai.

Sansão
Pai, eu mesmo confesso e reconheço
que fui eu quem essa honra e pompa trouxe
a Dágon e elevei os seus louvores 450
em meio aos pagãos; a Deus eu trouxe
desonra, oblóquio, escancarando as bocas
de idólatras e ateus; e trouxe escândalo
a Israel, desconfiança em Deus, dúvida
nos peitos fracos, desde antes propensos 455
a hesitar ou cair e unir-se a ídolos;
minha aflição maior, dor e vergonha,
a angústia de minh'alma, que não cede
repouso à mente, sono aos olhos meus.
Traz-me alívio uma única esperança, 460
que a lida tenha fim comigo; toda
rixa entre Deus e Dágon; supõe Dágon
poder lutar com Deus, 'stando eu vencido,
crê sua Divindade preferível
à do Deus de Abraão. Com tais insultos, 465
ele não será tardo ou conivente
e há de, altivo, afirmar seu grande nome:
Dágon será prostrado e muito em breve

Such a discomfit as shall quite despoil him
Of all these boasted trophies won on me, 470
And with confusion blank his Worshipers.

Manoa
With cause this hope relieves thee; and these words
I as a prophecy receive; for God,
Nothing more certain, will not long defer
To vindicate the glory of his name 475
Against all competition, nor will long
Endure it doubtful whether God be Lord
Or Dagon. But for thee what shall be done?
Thou must not in the meanwhile, here forgot,
Lie in this miserable loathsome plight 480
Neglected. I already have made way
To some Philistian lords, with whom to treat
About thy ransom: well they may by this
Have satisfied their utmost of revenge,
By pains and slaveries, worse than death, inflicted 485
On thee, who now no more canst do them harm.

Samson
Spare that proposal, father; spare the trouble
Of that solicitation; let me here,
As I deserve, pay on my punishment;
And expiate, if possible, my crime, 490
Shameful garrulity. To have revealed
Secrets of men, the secrets of a friend,
How heinous had the fact been, how deserving
Contempt and scorn of all, to be excluded
All friendship, and avoided as a blab, 495
The mark of fool set on his front? But I
God's counsel have not kept, his holy secret
Presumptuously have published, impiously,
Weakly at least and shamefully: a sin

terá humilhação que há de espoliá-lo
dos troféus que ganhou por minha causa   470
e anular no tumulto os seus devotos.

Manoá
Esta esperança traz-te alívio, e vêm-me
estas palavras como profecia:
nada é mais certo, Deus não tardará
em vingar, contra toda oposição,   475
a glória de seu nome, tampouco há
de suportá-la, se o Senhor é Deus
ou Dágon. Mas por ti o que fazer?
Neste ínterim, não deves, olvidado,
aqui jazer em tal atroz miséria   480
e abandono. Tomei já providências,
com os senhores filisteus, a fim
de o teu resgate negociar: assim
saciada têm a gana de vingança
co'a dor, a escravidão, pior que a morte,   485
infligida em quem não mais os ameaça.

Sansão
Poupa a mim e a ti, pai, desse trabalho
de solicitação, deixa que eu cá,
como mereço, cumpra o meu castigo;
e expie, se possível, o meu crime,   490
a infame garrulice. Revelar
os segredos dos homens, de um amigo,
que odioso foi tal fato, que ato digno
do escárnio alheio e do desdém, excluído
de toda companhia, um alcaguete,   495
na fronte inscrita a marca do insensato?
Não guardei o conselho de Deus; sacro,
divulguei seu segredo em presunção,
ímpio, ou pelo menos fraco: culpa

That Gentiles in their parables condemn 500
To their Abyss and horrid pains confined.

MANOA
Be penitent, and for thy fault contrite,
But act not in thy own affliction, son;
Repent the sin; but, if the punishment
Thou canst avoid, self-preservation bids; 505
Or th'execution leave to high disposal,
And let another hand, not thine, exact
Thy penal forfeit from thyself; perhaps
God will relent, and quit thee all his debt;
Who ever more approves and more accepts 510
(Best pleased with humble and filial submission)
Him who, imploring mercy, sues for life,
Than who, self-rigorous, chooses death as due;
Which argues over-just, and self-displeased
For self-offense more than for God offended. 515
Reject not, then, what offered means who knows
But God hath set before us to return thee
Home to thy country and his sacred house,
Where thou may'st bring thy offerings, to avert
His further ire, with prayers and vows renewed. 520

SAMSON
His pardon I implore; but, as for life,
To what end should I seek it? When in strength
All mortals I excelled, and great in hopes,
With youthful courage, and magnanimous thoughts
Of birth from Heaven foretold and high exploits, 525
Full of divine instinct, after some proof
Of acts indeed heroic, far beyond
The sons of Anak, famous now and blazed,
Fearless of danger, like a petty god
I walked about, admired of all, and dreaded 530

que até os gentios condenam nas parábolas 500
à horrenda dor e abismo confinada.

MANOÁ
Sê penitente e, por teu mal, contrito,
mas não ajas com base em tua angústia,
da culpa te arrepende, Filho, mas
a autopreservação chama, se podes 505
evitar o castigo; ou relegar
a execução à providência, que outra
mão, não tua, por ti a multa cobre;
Deus tem pena, talvez, e anula a dívida;
ele, que sempre aprova e mais aceita 510
(filial e húmil sujeição o apraz)
quem, suplicante, roga pela vida,
e não quem, rigoroso, acolhe a morte;
provado mais que justo e desgostoso
de si por ofender-se, mais que a Deus. 515
Não rejeites o meio, só Deus sabe
como, oferto a nós, p'ra retornar-te
ao teu país e, Dele, à casa sacra,
para oblações, que a ira sua abrandem,
entre preces e votos renovados. 520

SANSÃO
A ele imploro perdão; mas, quanto à vida,
como irei desejá-la? Quando, em força,
aos mortais todos superava, bravo,
esperançoso, entre ideais magnânimos
do nascer pelo Céu previsto, grãs 525
venturas, do divino instinto cheio,
após a prova de atos tão heroicos,
superior aos Filhos de Anak, célebre
e ardente, caminhava destemido,
como um pequeno deus, em solo hostil, 530

On hostile ground, none daring my affront.
Then, swollen with pride, into the snare I fell
Of fair fallacious looks, venereal trains,
Softened with pleasure and voluptuous life
At length to lay my head and hallowed pledge   535
Of all my strength in the lascivious lap
Of a deceitful Concubine, who shore me,
Like a tame wether, all my precious fleece,
Then turned me out ridiculous, despoiled,
Shaven, and disarmed among my enemies.   540

CHORUS
Desire of wine and all delicious drinks,
Which many a famous warrior overturns,
Thou could'st repress; nor did the dancing ruby,
Sparkling out-poured, the flavor or the smell,
Or taste, that cheers the heart of gods and men,   545
Allure thee from the cool crystálline stream.

SAMSON
Wherever fountain or fresh current flowed
Against the eastern ray, translucent, pure
With touch æthereal of Heaven's fiery rod,
I drank, from the clear milky juice allaying   550
Thirst, and refreshed; nor envied them the grape
Whose heads that turbulent liquor fills with fumes.

CHORUS
O madness, to think use of strongest wines
And strongest drinks our chief support of health,
When God with these forbidden made choice to rear   555
His mighty Champion, strong above compare,
Whose drink was only from the liquid brook.

entre espanto e pavor, nunca afrontado.
De orgulho inflado então, sofri o ardil
do olhar belo e falaz, venéreos logros,
domado numa vida de volúpias;
enfim deitei a fronte e santa dádiva   535
de toda minha força ao colo lúbrico
da concubina que me tosquiou,
como um dócil capão, meu caro velo,
e entregou-me ridículo, espoliado,
tosado, imbele, para os meus imigos.   540

Coro
Sanha de vinho e das delícias do álcool,
que a famosos guerreiros subjugou,
tu reprimiste bem, nem pôde o brilho
de dançantes rubis, seu gosto, olor,
deleite a deuses e homens em seu sorvo,   545
te demover das cristalinas águas.

Sansão
Onde corresse fonte ou fresco arroio,
diáfano, puro, aos raios do nascente,
do ígneo bastão do Céu seu toque etéreo,
eu bebi, qual lactente, o claro sumo,   550
saciado; inveja da uva não os vexa,
que as mentes turba co'o vapor do mosto.

Coro
Ó loucura, supor que fortes vinhos
e álcoois fortes nos sejam mais salubres,
quando Deus os proibiu para a criação   555
de seu grande Campeão, incomparável
em robustez, que só do rio bebia.

Samson
But what availed this temperance, not complete
Against another object more enticing?
What boots it at one gate to make defense, 560
And at another to let in the foe,
Effeminately vanquished? by which means,
Now blind, disheartened, shamed, dishonored, quelled,
To what can I be useful? wherein serve
My nation, and the work from Heaven imposed, 565
But to sit idle on the household hearth,
A burdenous drone; to visitants a gaze,
Or pitied object; these redundant locks,
Robustious to no purpose, clustering down,
Vain monument of strength; till length of years 570
And sedentary numbness craze my limbs
To a contemptible old age obscure?
Here rather let me drudge, and earn my bread,
Till vermin, or the draff of servile food,
Consume me, and oft-invocated death 575
Hasten the welcome end of all my pains.

Manoa
Wilt thou then serve the Philistines with that gift
Which was expressly given thee to annoy them?
Better at home lie bed-rid, not only idle,
Inglorious, unemployed, with age outworn. 580
But God, who caused a fountain at thy prayer
From the dry ground to spring, thy thirst to allay
After the brunt of battle, can as easy
Cause light again within thy eyes to spring,
Wherewith to serve him better than thou hast; 585
And I persuade me so. Why else this strength
Miraculous yet remaining in those locks?
His might continues in thee not for naught,
Nor shall his wondrous gifts be frustrate thus.

SANSÃO
Mas que me vale a temperança, inábil
contra outro objeto tão mais sedutor?
Que adianta barricar um dos portões 560
e noutro permitir entrar o imigo,
e efeminadamente destruir-me?
Como eu, cego, humilhado, desonrado,
poderia ser útil e servir
à minha terra e obras que o Céu manda, 565
se só posso sentar-me ao lar, em ócio,
oneroso zangão; que quem visite
um objeto de pena veja em mim,
pendendo a coma inútil, redundante,
da força monumento vão; até 570
que se entrevem meus membros pelo tempo
sedentário, em velhice desprezível.
Melhor labutar cá, meu ganha-pão,
té que a lavagem das rações servis
ou os ratos consumam-me e a morte, 575
tão invocada, encerre as minhas dores.

MANOÁ
Pois servirás aos filisteus co'a dádiva
expressamente dada p'ra afligi-los?
Melhor ater-se ao leito, não só no ócio,
como inglório, indolente, carcomido. 580
Mas Deus, da terra seca, fez brotar
uma fonte ao ouvir-te orar, a sede
abrandando depois do prélio, e pode
fazer brotar a luz nestes teus olhos
outra vez, p'ra servi-lo melhor que antes; 585
assim eu creio; por que outro motivo
resta a força, mirífica, em teus cachos?
Não em vão vive em ti o poder dele,
nem hão de se frustrar seus dons divinos.

Samson
All otherwise to me my thoughts portend, 590
That these dark orbs no more shall treat with light,
Nor th'other light of life continue long,
But yield to double darkness nigh at hand:
So much I feel my genial spirits droop,
My hopes all flat: Nature within me seems 595
In all her functions weary of herself;
My race of glory run, and race of shame,
And I shall shortly be with them that rest.

Manoa
Believe not these suggestions, which proceed
From anguish of the mind, and humors black 600
That mingle with thy fancy. I, however,
Must not omit a father's timely care
To prosecute the means of thy deliverance
By ransom or how else: meanwhile be calm,
And healing words from these thy friends admit. 605

Samson
O that torment should not be confined
To the body's wounds and sores,
With maladies innumerable
In heart, head, breast, and reins;
But must secret passage find 610
To th'inmost mind,
There exercise all his fierce accidents,
And on her purest spirits prey,
As on entrails, joints, and limbs,
With answerable pains, but more intense, 615
Though void of corporal sense!

My griefs not only pain me
As a lingering disease,

SANSÃO
Tudo o contrário pressagia, eu penso, 590
não há mais luz para estes negros orbes,
nem outra luz da vida restará,
mas cede às duplas trevas iminentes:
tanto sinto meu gênio decair,
minha esperança rasa, a natureza 595
em mim de si exausta no que faz;
finda a corrida da vanglória, e idem
de opróbrio, logo me uno aos que repousam.

MANOÁ
Nas sugestões não creias, que procedem
do espírito angustiado e negro humor 600
que à imaginação se mescla. Eu,
meus cuidados paternos não omito,
porém, buscando os meios de livrar-te,
pagando, ou de outro modo: ora acalma-te
co'as palavras de cura dos amigos. 605

SANSÃO
Ó, que o tormento não se confina
à dor e às chagas do corpo
com inumeráveis males
no peito, rins, cabeça;
mas, no que o âmago atina, 610
entra em surdina
para exercer, feroz, seus acidentes,
predando espíritos puros,
quais se entranhas, juntas, membros,
com dor real, mas mais intensa, 615
sem ser no corpo a doença.

Minhas mágoas não só doem
feito infinda moléstia,

But, finding no redress, ferment and rage;
Nor less than wounds immedicable   620
Rankle, and fester, and gangrene,
To black mortification.
Thoughts, my tormentors, armed with deadly stings,
Mangle my apprehensive tenderest parts,
Exasperate, exulcerate, and raise   625
Dire inflammation, which no cooling herb
Or medicinal liquor can assuage,
Nor breath of vernal air from snowy Alp.
Sleep hath forsook and given me o'er
To death's benumbing opium as my only cure;   630
Thence faintings, swoonings of despair,
And sense of Heaven's desertion.

I was his nursling once and choice delight,
His destined from the womb,
Promised by heavenly message twice descending.   635
Under his special eye
Abstemious I grew up and thrived amain;
He led me on to mightiest deeds,
Above the nerve of mortal arm,
Against th'uncircumcised, our enemies.   640
But now hath cast me off as never known,
And to those cruel enemies,
Whom I by his appointment had provoked,
Left me all helpless, with th'irreparable loss
Of sight, reserved alive to be repeated   645
The subject of their cruelty or scorn.
Nor am I in the list of them that hope;
Hopeless are all my evils, all remediless;
This one prayer yet remains, might I be heard,
No long petition, speedy death,   650
The close of all my miseries and the balm.

mas, sem alívio, ardem e fermentam,
não menos que intratáveis chagas 620
que infectam, supuram, gangrenam,
mortificadas e atras.
Com aguilhões, algozes pensamentos
mutilam-me as mais tenras partes, trépidas,
exaltam, exulceram e despertam 625
crua inflamação, que erva fria alguma
ou solução pode abrandar,
nem sopro do ar vernal dos níveos alpes.
O abandono do sono entrega-me,
única cura, ao ópio apático da morte. 630
Donde desmaios, desespero,
e o senso de o Céu desertar-me.

Fui seu lactente outrora e grão deleite,
do ventre destinado,
co'a promessa a descer dupla do Céu. 635
Sob seu olhar distinto,
cresci abstêmio e próspero vinguei;
a grandes feitos fui guiado
além do alcance dos mortais
contra os incircuncisos, nosso imigo. 640
Mas ora me rejeita, como ignaro,
e àqueles imigos cruéis,
que por vontade sua eu provocara,
imbele me deixou, na irreparável
perda da vista, reservado vivo 645
sempre alvo seu de escárnio ou crueldade.
Tampouco vejo-me entre esperançosos;
aos meus males não há esperança, nem remédio;
resta a prece, porém, que eu seja ouvido,
sem longo apelo, a morte célere, 650
fim das minhas misérias, e o seu bálsamo.

CHORUS
Many are the sayings of the wise,
In ancient and in modern books enrolled,
Extolling patience as the truest fortitude,
And to the bearing well of all calamities, 655
All chances incident to man's frail life
Consolatories writ
With studied argument, and much persuasion sought,
Lenient of grief and anxious thought.
But with th'afflicted in his pangs their sound 660
Little prevails, or rather seems a tune
Harsh, and of dissonant mood from his complaint,
Unless he feel within
Some source of consolation from above,
Secret refreshings that repair his strength 665
And fainting spirits uphold.

God of our fathers! what is Man,
That thou towards him with hand so various,
Or might I say contrarious,
Temper'st thy providence through his short course, 670
Not evenly, as thou rul'st
Th'angelic orders, and inferior creatures mute,
Irrational and brute.
Nor do I name of men the common rout,
That, wandering loose about, 675
Grow up and perish as the summer fly.
Heads without name, no more remembered;
But such as thou hast solemnly elected,
With gifts and graces eminently adorned
To some great work, thy glory, 680
And people's safety, which in part they effect:
Yet toward these, thus dignified, thou oft,
Amidst their height of noon,
Changest thy countenance and thy hand, with no regard

CORO
Muitos os ditados dos sábios
no rol de antigos e modernos livros;
por vera fortitude exaltam a paciência;
e ao bem suportar das calamidades todas, 655
incidentes à frágil vida humana,
consolações se escreve
com instruído argumento, a persuasão buscando,
leniente à dor, pensar nefando,
mas ao aflito em seu pesar tal som 660
não prevalece, ou soa como música
áspera, modo dissonante às queixas,
a não ser que ele sinta
em si algum conforto a vir de cima;
refrigério secreto, que dá forças, 665
ergue o esmorecido espírito.

Deus dos nossos pais!, o que é o homem,
que, em seu curto caminho, em mão tão vária,
ou, devemos dizer, contrária,
temperas, desigual, a providência, 670
assim como governas
ordens dos anjos e seres irracionais,
mudos e bestiais.
Nem nomeio esses da comum caterva,
a vagar sem reserva, 675
que crescem e perecem, feito moscas
no verão, frontes sem lembrança ou nome,
mas um por ti solenemente eleito,
adornado eminente em graças e dádivas
p'ra grandes feitos, glória, 680
e o amparo do povo, que em parte afetam:
nesse rumo, porém, dignificado,
amiúde em pleno zênite,
te mudaste as feições e a mão, sem te atentar

Of highest favors past 685
From thee on them, or them to thee of service

Nor only dost degrade them, or remit
To life obscured, which were a fair dismission,
But throw'st them lower than thou didst exalt them high,
Unseemly falls in human eye, 690
Too grievous for the trespass or omission;
Oft leav'st them to the hostile sword
Of heathen and profane, their carcasses
To dogs and fowls a prey, or else captíved,
Or to th'unjust tribunals, under change of times, 695
And condemnation of th'ingrateful multitude.
If these they scape, perhaps in poverty
With sickness and disease thou bow'st them down,
Painful diseases and deformed,
In crude old age; 700
Though not disordinate, yet causeless suffering
The punishment of dissolute days. In fine,
Just or unjust alike seem miserable,
For oft alike both come to evil end.

So deal not with this once thy glorious Champion, 705
The image of thy strength, and mighty minister.
What do I beg? how hast thou dealt already!
Behold him in this state calamitous, and turn
His labors, for thou canst, to peaceful end.

But who is this? what thing of sea or land? 710
Female of sex it seems,
That, so bedecked, ornate, and gay,
Comes this way sailing,
Like a stately ship
Of Tarsus, bound for th'isles 715
Of Javan or Gadire,

aos favores de outrora, 685
teus a eles, e a ti deles em serviço.

Tu não só a sorte inverles e os degradas
à obscuridade, justa descensão,
como os lanças mais baixo do que os exaltaste,
ao humano olhar torpe contraste, 690
grave demais p'ra culpa ou omissão,
amiúde alvos da espada hostil
dos infiéis, profanos, as carcaças
pasto de aves e cães, ou dos grilhões:
ou tribunais injustos, no mudar dos tempos, 695
e pelas multidões ingratas condenado.
Se disso escapam, míseros talvez,
tu, com doença e moléstia, os fazes prostrar-se,
sofridas doenças, deformados
em velhice grosseira; 700
mesmo sem destempero, a dor sem causa,
dos dissolutos o castigo, enfim,
justa ou injusta, igual vê-se a miséria,
que ambos chegam ao mesmo fim soturno.

Com teu Campeão de outrora então não lides, 705
da tua força a imagem e ministro.
Por que suplico? Tu já não lidaste?
Ei-lo, vê, em sua calamidade, e conduz,
pois bem podes, a um fim em paz sua obra.

Mas quem vem, coisa qual de terra ou mar? 710
Feminino o seu sexo,
de vento em popa, ornada e gaia,
p'ra cá a velejar
como nau austera
de Tarso, rumo às ilhas 715
de Gadir ou Javã

With all her bravery on, and tackle trim,
Sails filled, and streamers waving,
Courted by all the winds that hold them play;
An amber scent of odorous perfume   720
Her harbinger, a damsel train behind;
Some rich Philistian matron she may seem;
And now, at nearer view, no other certain
Than Dalila thy wife.

SAMSON
My wife, my traitress, let her not come near me.   725

CHORUS
Yet on she moves, now stands and eyes thee fixed,
About to have spoke, but now, with head declined,
Like a fair flower surcharged with dew, she weeps
And words addressed seem into tears dissolved,
Wetting the borders of her silken veil;   730
But now again she makes address to speak.

DALILA
With doubtful feet and wavering resolution
I came, I still dreading thy displeasure, Samson;
Which to have merited, without excuse,
I cannot but acknowledge; Yet, if tears   735
May expiate (though the fact more evil drew
In the perverse event than I foresaw)
My penance hath not slackened, though my pardon
No way assured. But conjugal affection,
Prevailing over fear and timorous doubt,   740
Hath led me on, desirous to behold
Once more thy face, and know of thy estate.
If aught in my ability may serve
To lighten what thou suffer'st, and appease
Thy mind with what amends is in my power,   745

com todo seu bravor e fina talha,
vela alçada e ondeantes flâmulas,
pelos ventos que folgam cortejada,
do âmbar-gris o perfume olente,   720
seu arauto, e donzelas vêm atrás;
talvez uma matrona filisteia,
é, ora perto se vê, ninguém mais que
Dalila, tua esposa.

Sansão
Minha esposa, a traidora, afastai-a de mim.   725

Coro
Mas ela chega, para e te olha fixo,
e faz que vai falar, mas, qual flor bela,
de orvalho farta, inclina-se ela e chora,
dissolvendo as palavras entre as lágrimas,
que as franjas molham do seu véu de seda: 730
porém, mais uma vez se volta a ti.

Dalila
Dúbios os pés e trêmula a confiança
que me trazem, temendo teu agravo,
Sansão, que bem mereço e sem desculpas,
devo admiti-lo; mas se expia o pranto,   735
(mesmo que, do perverso evento, mais
males do que previ tenham surgido)
não folgo em minha penitência, embora
seja incerto o perdão. Porém, o afeto
conjugal meu temor supera, e dúvidas   740
tímidas levam-me a querer de novo
ver teu rosto e saber do teu estado.
Se algo há que sei fazer para servir-te
de alívio no que sofres, dar-te um bálsamo
ao espírito está sob meu alcance,   745

Though late, yet in some part to recompense
My rash but more unfortunate misdeed.

Samson
Out, out, Hyæna; these are thy wonted arts,
And arts of every woman false like thee,
To break all faith, all vows, deceive, betray; 750
Then, as repentant, to submit beseech,
And reconcilement move with feigned remorse,
Confess, and promise wonders in her change,
Not truly penitent, but chief to try
Her husband, how far urged his patience bears, 755
His virtue or weakness which way to assail:
Then, with more cautious and instructed skill,
Again transgresses, and again submits;
That wisest and best men, full oft beguiled,
With goodness principled not to reject 760
The penitent, but ever to forgive,
Are drawn to wear out miserable days,
Entangled with a poisonous bosom-snake,
If not by quick destruction soon cut off,
As I by thee, to ages an example. 765

Dalila
Yet hear me, Samson; not that I endeavor
To lessen or extenuate my offense,
But that, on th'other side, if it be weighed
By itself, with aggravations not surcharged,
Or else with just allowance counterpoised, 770
I may, if possible, thy pardon find
The easier towards me, or thy hatred less.
First granting, as I do, it was a weakness
In me, but incident to all our sex,
Curiosity, inquisitive, importune 775
Of secrets, then with like infirmity

mesmo que tarde, a fim de compensar
por meu delito brusco e tão funesto.

Sansão
Fora, hiena; eis tua arte costumeira,
e arte de todas que, como és, são falsas,
romper com voto e fé, trair, lograr, 750
depois, arrependida, rogar súplicas,
e com falso remorso conciliar-se,
confessar, prometendo maravilhas,
no fundo impenitente, mas ao cônjuge
busca tentar, medir-lhe a paciência, 755
a virtude ou fraqueza, p'ra abatê-lo:
depois, com mais cautela, instruído ardil,
transgride ela outra vez e outra vez roga;
amiúde os excelentes e os mais sábios
burlados, no princípio de aceitar 760
o penitente e sempre perdoar,
veem-se enroscados co'uma serpe ao peito,
peçonhenta, por dias miseráveis,
se a destruição ligeira não segá-los,
qual comigo fizeste, exemplo às eras. 765

Dalila
Mas ouve-me, Sansão, não que eu intente
atenuar, diminuir a minha ofensa,
porém, por outro lado, se a pesarmos
por si só, sem somar os agravantes,
ou contrabalanceada co'os abonos, 770
talvez o teu perdão eu possa achar
com mor facilidade, ou menos ódio.
Como eu, antes concede que foi fraco
de minha parte, mas de nosso sexo
todo incidente, inquisidor, curioso, 775
aborrecível de segredos, pois

To publish them, both common female faults:
Was it not weakness also to make known
For importunity, that is for naught,
Wherein consisted all thy strength and safety? 780
To what I did thou shew'dst me first the way.
But I to enemies revealed, and should not.
Nor should'st thou have trusted that to woman's frailty:
Ere I to thee, thou to thyself wast cruel.
Let weakness, then, with weakness come to parle, 785
So near related, or the same of kind;
Thine forgive mine; that men may censure thine
The gentler, if severely thou exact not
More strength from me than in thyself was found.
And what if love, which thou interpret'st hate, 790
The jealousy of love, powerful of sway
In human hearts, nor less in mine towards thee,
Caused what I did? I saw thee mutable
Of fancy, feared lest one day thou would'st leave me
As her at Timna; sought by all means, therefore, 795
How to endear, and hold thee to me firmest:
No better way I saw than my importuning
To learn thy secrets, get into my power
Thy key of strength and safety. Thou wilt say,
Why then revealed? I was assured by those 800
Who tempted me that nothing was designed
Against thee but safe custody and hold:
That made for me, I knew that liberty
Would draw thee forth to perilous enterprises,
While I at home sat full of cares and fears, 805
Wailing thy absence in my widowed bed;
Here I should still enjoy thee, day and night,
Mine and love's prisoner, not the Philistines',
Whole to myself, unhazarded abroad,
Fearless at home of partners in my love. 810
These reasons in Love's law have passed for good,

que igual enfermidade divulgá-los,
as faltas feminis comuns: não fora
fraco que, em vão, mostraste, aborrecido,
de onde vem todo teu amparo e força? 780
Indicaste o caminho p'ra os meus atos.
E revelei-o a inimigos, que erro.
E que erro fiar-se na mulher, que é frágil,
antes de mim, cruel foste a ti mesmo.
Que uma fraqueza então com a outra 785
converse, aparentada, a mesma estirpe,
e a tua à minha dê o perdão; que os homens
tanto não te censurem, se não cobras
de mim mais forças do que em ti se via.
E se amor, que por ódio tu interpretas, 790
e se o ciúme do amor; que, forte, o cor
humano abala, em mim, por ti, não menos forte,
foi causa do que fiz? Imaginei-te
mutável e temi que fosses me deixar
como aquela em Timnate, e busquei qualquer meio 795
de ganhar-te e mais firme ater-te a mim:
melhor modo não vi do que te aborrecer
p'ra aprender teu segredo, apossar-me da chave
de teu amparo e força: pois, dirás,
revelaste-o por quê? Meus tentadores 800
prometeram que nada designaram
contra ti, só custódia, a salvo, e cárcere:
isso bastou-me, pois, bem soube, livre,
atrair-te-iam lidas perigosas,
enquanto, ao lar, no leito da viuvez, 805
choraria eu, temente, tua ausência;
mas cá eu gozo de ti dia e noite,
do amor cativo, e meu, não da Filístia,
p'ra mim inteiro e do estrangeiro intacto,
sem que eu tema ao lar pares do amor meu. 810
São boas tais razões na lei do amor,

Though fond and reasonless to some perhaps:
And love hath oft, well meaning, wrought much woe,
Yet always pity or pardon hath obtained.
Be not unlike all others, not austere   815
As thou art strong, inflexible as steel.
If thou in strength all mortals dost exceed,
In uncompassionate anger do not so.

Samson
How cunningly the Sorceress displays
Her own transgressions, to upbraid me mine!   820
That malice, not repentance, brought thee hither
By this appears: I gave, thou say'st, th'example,
I led the way; bitter reproach, but true,
I to myself was false ere thou to me;
Such pardon, therefore, as I give my folly,   825
Take to thy wicked deed: which when thou seest
Impartial, self-severe, inexorable,
Thou wilt renounce thy seeking, and much rather
Confess it feigned. Weakness is thy excuse,
And I believe it, weakness to resist   830
Philistian gold: If weakness may excuse,
What murderer, what traitor, parricide,
Incestuous, sacrilegious, but may plead it?
All wickedness is weakness: that plea, therefore,
With God or Man will gain thee no remission.   835
But love constrained thee; call it furious rage
To satisfy thy lust: love seeks to have love;
My love how could'st thou hope, who took'st the way
To raise in me inexpiable hate,
Knowing, as needs I must, by thee betrayed?   840
In vain thou striv'st to cover shame with shame,
Or by evasions thy crime uncover'st more.

por mais que, para alguns, irracionais;
e amor causa é de males muitos, mesmo
que com boa intenção, mas é perdoado.
Sê não dos outros diferente, austero, 815
como és forte, inflexível como o aço.
Se em força excedes todos os mortais,
que assim não sejas na ira incompassiva.

Sansão
Com que ardileza ostenta a bruxa as próprias
transgressões para a minha repreender? 820
Malícia, não remorso, cá te traz,
pelo que vejo: dei o exemplo, dizes,
a via abri, censura acre, mas vera,
a mim traí primeiro, antes de ti,
tal perdão que à sandice minha dou, 825
cede a teu feito mau: que, quando o vires
como justo, severo, inexorável,
renunciarás à tua busca, e mais,
que é falsa, exprimirás; tu foste fraca,
dizes, e, eu creio, fraca contra o ouro 830
filisteu: se há desculpa em seres fraca,
que assassino, incestuoso, parricida,
traidor, blasfemo, não o alegará?
A vileza é fraqueza: tal apelo
nem com homem ou Deus tem simpatia. 835
Mas o amor te prendeu; de fúria o chamas
p'ra saciar-te a luxúria: busca amor
o amor; como esperar o meu, se rumas
despertar em mim ódio inexpiável,
pois, como devo, sei que me traíste? 840
Cobrir vergonha com vergonha intentas,
em vão, que mais teu crime, esquivo, expões.

DALILA
Since thou determin'st weakness for no plea
In man or woman, though to thy own condemning,
Hear what assaults I had, what snares besides, 845
What sieges girt me round, ere I consented;
Which might have awed the best-resolved of men,
The constantest, to have yielded without blame.
It was not gold, as to my charge thou lay'st,
That wrought with me: thou know'st the Magistrates 850
And Princes of my country came in person,
Solicited, commanded, threatened, urged,
Adjured by all the bonds of civil duty
And of religion, pressed how just it was,
How honorable, how glorious, to entrap 855
A common enemy, who had destroyed
Such numbers of our nation: and the Priest
Was not behind, but ever at my ear,
Preaching how meritorious with the gods
It would be to ensnare an irreligious 860
Dishonorer of Dagon: what had I
To oppose against such powerful arguments?
Only my love of thee held long debate,
And combated in silence all these reasons
With hard contest. At length, that grounded maxim, 865
So rife and celebrated in the mouths
Of wisest men, that to the public good
Private respects must yield, with grave authority
Took full possession of me, and prevailed;
Virtue, as I thought, truth, duty, so enjoining. 870

SAMSON
I thought where all thy circling wiles would end;
In feigned religion, smooth hypocrisy.
But, had thy love, still odiously pretended,
Been, as it ought, sincere, it would have taught thee

Dalila
Se julgas nulo o apelo da fraqueza
em homem ou mulher, e a tua punes,
ouve o que me afligiu, que outras ciladas, 845
além, que cercos, para eu consentir;
que a tantos resolutos pujariam,
cedendo até, sem culpa, os mais constantes.
Não foi ouro, tal como tu me acusas,
que cobicei: os magistrados, príncipes 850
do meu país, tu sabes, visitaram-me,
solicitando, ameaçando, urgindo,
sob toda jura do dever civil
e da religião, como era justo,
digno de glória e honras enredar 855
o inimigo comum, que tantos males
causa à nossa nação: e o sacerdote,
não menos, a pregar ao meu ouvido,
sempre, como era meritório aos deuses
aprisionar aquele irreligioso 860
que a Dágon desonrara: como opor-me
contra tão poderosos argumentos?
Mas relutei, por meu amor por ti;
combatendo em silêncio as tais razões
com firme robustez: por fim aquela máxima, 865
tão corriqueira e célebre nas bocas
dos sábios, que dever cede ao bem público
o respeito privado; em grave autoridade
tomou posse de mim, prevalecendo;
como cri, por dever, virtude e verdade. 870

Sansão
Eis onde a tua argúcia réptil finda,
eu o soube; em falsa religião hipócrita.
Se o amor teu, fingido odiosamente,
sincero fosse, ele ter-te-ia ensinado

Far other reasonings, brought forth other deeds. 875
I, before all the daughters of my tribe
And of my nation, chose thee from among
My enemies, loved thee, as too well thou knew'st,
Too well, unbosomed all my secrets to thee,
Not out of levity, but overpowered 880
By thy request, who could deny thee nothing;
Yet now am judged an enemy. Why, then,
Didst thou at first receive me for thy husband,
Then, as since then, thy country's foe professed?
Being once a wife, for me thou wast to leave 885
Parents and country; nor was I their subject,
Nor under their protection, but my own;
Thou mine, not theirs. If aught against my life
Thy country sought of thee, it sought unjustly,
Against the law of nature, law of nations; 890
No more thy country, but an impious crew
Of men conspiring to uphold their state
By worse than hostile deeds, violating the ends
For which our country is a name so dear;
Not therefore to be obeyed. But zeal moved thee; 895
To please thy gods thou didst it! Gods unable
To acquit themselves and prosecute their foes
But by ungodly deeds, the contradiction
Of their own deity, Gods cannot be:
Less therefore to be pleased, obeyed, or feared. 900
These false pretexts and varnished colors failing,
Bare in thy guilt, how foul must thou appear?

Dalila
In argument with men a woman ever
Goes by the worse, whatever be her cause.

Samson
For want of words, no doubt, or lack of breath, 905
Witness when I was worried with thy peals.

outras razões, gerado feitos outros. 875
Mais que as filhas da minha tribo, todas,
e da minha nação, eu te escolhi
entre os imigos meus, te amei, bem sabes,
bem demais, desnudei os meus segredos,
não frívolo, mas, sim, por ti vencido 880
em cisma, nunca nada te neguei;
mas julgas-me adversário agora. Pois,
por que então me tiveste por marido?
Que fui e sou da tua pátria imigo:
desposada, deixar devias pátria 885
e pais por mim; não sou deles um súdito,
sob sua proteção, mas minha apenas,
e tu também: se contra a minha vida
quis tua pátria que atentasses, fora,
para a lei natural e das nações, 890
injusta, não mais pátria, mas caterva
de ímpios a conspirar p'ra se manter
por feitos mais que hostis, violando os fins
pelos quais é tão caro o nome pátria;
do acato indigna; agiste foi por zelo, 895
p'ra louvar a teus deuses, incapazes
de se absolver que são, e aos inimigos
litigar sem vileza; contraditos
na própria divindade, não são deuses:
mais indignos de acato, loas, medo, 900
borrado teu verniz, pretextos falsos,
nua na culpa, o quão podes ser sórdida?

DALILA
Sempre a mulher, em discutir com homem,
tem prejuízo, não importa a causa.

SANSÃO
Por falta de palavras, ou de alento, 905
vê quando eu atentava aos teus clamores.

DALILA
I was a fool, too rash, and quite mistaken
In what I thought would have succeeded best.
Let me obtain forgiveness, of thee Samson,
Afford me place to shew what recompense   910
Towards thee I intend for what I have misdone,
Misguided: only what remains past cure
Bear not too sensibly, nor still insist
To afflict thyself in vain: though sight be lost,
Life yet hath many solaces, enjoyed   915
Where other senses want not their delights
At home, in leisure and domestic ease,
Exempt from many a care and chance to which
Eyesight exposes, daily, men abroad.
I to the Lords will intercede, not doubting   920
Their favorable ear, that I may fetch thee
From forth this loathsome prison-house, to abide
With me, where my redoubled love and care
With nursing diligence, to me glad office,
May ever tend about thee to old age   925
With all things grateful cheered, and so supplied
That what by me thou hast lost thou least shalt miss.

SAMSON
No, no, of my condition take no care;
It fits not; thou and I long since are twain;
Nor think me so unwary or accursed   930
To bring my feet again into the snare
Where once I have been caught. I know thy trains,
Though dearly to my cost, thy gins, and toils.
Thy fair enchanted cup, and warbling charms,
No more on me have power; their force is nulled;   935
So much of adder's wisdom I have learned,
To fense my ear against thy sorceries.
If in my flower of youth and strength, when all men

DALILA
Fui tola, muito brusca, e me enganei
no que achei que melhor sucederia.
Que eu possa ser, Sansão, por ti perdoada,
e permitas que eu mostre as recompensas   910
que a ti reservo pelo mal que fiz,
mal pensado: não sofras tanto só
pelo que é incurável, nem insistas
em te afligir em vão: perdeste a vista,
mas tem a vida outros consolos, onde   915
aos sentidos não faltam seus prazeres,
no lar, para gozar da paz doméstica,
isento dos cuidados e do acaso
a que a visão, afora, expõe os homens.
Intervirei com os senhores; dúvida   920
não há de que darão ouvido, que eu
te trazer possa, deste ascoso cárcere,
ao meu lar, onde, em redobrado amor
e cuidadosa diligência, ofício
caro a mim, hei de te tratar até   925
a velhice, tão grata e bem suprida,
que o que te fiz perder não fará falta.

SANSÃO
Não, da condição minha não te ocupes;
não presta; há muito tempo somos dois;
tampouco creias-me maldito, ingênuo,   930
para outra vez pisar essa armadilha
em que fui pego já; bem sei teus fojos
que preço têm, e apeiros e aboízes;
poder sobre mim não têm mais teu cálice
encantado, o trinar dos teus feitiços,   935
nulos; instruído no saber das víboras,
cubro o ouvido das tuas bruxarias.
Se na flor do meu viço e força, quando os homens

Loved, honored, feared me, thou alone could hate me,
Thy husband, slight me, sell me, and forgo me; 940
How would'st thou use me now, blind, and thereby
Deceivable, in most things as a child
Helpless, thence easily contemned and scorned,
And last neglected? How would'st thou insult,
When I must live uxorious to thy will 945
In perfect thraldom! how again betray me,
Bearing my words and doings to the lords
To gloss upon, and, censuring, frown or smile?
This gaol I count the house of Liberty
To thine, whose doors my feet shall never enter. 950

DALILA
Let me approach at least, and touch thy hand.

SAMSON
Not for thy life, lest fierce remembrance wake
My sudden rage to tear thee joint by joint.
At distance I forgive thee; go with that;
Bewail thy falsehood, and the pious works 955
It hath brought forth to make thee memorable
Among illustrious women, faithful wives:
Cherish thy hastened widowhood with the gold
Of matrimonial treason: so farewell.

DALILA
I see thou art implacable, more deaf 960
To prayers than winds and seas. Yet winds to seas
Are reconciled at length, and sea to shore:
Thy anger, unappeasable, still rages,
Eternal tempest never to be calmed.
Why do I humble thus myself, and, suing 965
For peace, reap nothing but repulse and hate,
Bid go with evil omen, and the brand

tinham-me amor, honra e temor, só tu me odiaste,
me humilhaste, vendeste e me deixaste, 940
a mim, o esposo teu, como ora vais
usar-me, cego, em tudo uma criança,
logrável, para o teu desprezo e escárnio
e abandono, afinal? Que insultos guardas
à minha vida uxória de perfeito 945
servo à tua vontade, que traições,
levando aos teus senhores o que digo
e faço, que censurem ou sorriam?
Meu cárcere é-me o lar da liberdade,
perto do teu, que nunca pisarei. 950

DALILA
Deixa que eu chegue e toque a tua mão.

SANSÃO
Por teu bem, não; feroz, pode a lembrança
despertar a ira, que eu, junta por junta,
te espedace. De longe te perdoo,
que isso baste; lamenta tua dobrez 955
e as obras pias que hão de ser-te a fama
entre esposas fiéis, mulheres célebres:
goza então da viuvez precoce, paga
no ouro da conjugal traição: adeus.

DALILA
Vejo que és implacável, surdo às preces, 960
mais que os ventos e o mar, mas mar e ventos
se conciliam, e co'a praia o mar:
inda tenaz, tua ira tempesteia,
procela eterna que jamais se abranda.
Por que me humilho então e, a paz buscando, 965
nada colho, senão repulsa e ódio?
Rogas que eu vá com mau presságio, a marca

Of infamy upon my name denounced?
To mix with thy concernments I desist
Henceforth, nor too much disapprove my own. 970
Fame, if not double-faced, is double-mouthed,
And with contrary blast proclaims most deeds;
On both his wings, one black, the other white,
Bears greatest names in his wild aerie flight.
My name, perhaps, among the Circumcised 975
In Dan, in Judah, and the bordering Tribes,
To all posterity may stand defamed,
With malediction mentioned, and the blot
Of falsehood most unconjugal traduced.
But in my country, where I most desire, 980
In Ecron, Gaza, Asdod, and in Gath,
I shall be named among the famousest
Of women, sung at solemn festivals,
Living and dead recorded, who to save
Her country from a fierce destroyer, chose 985
Above the faith of wedlock bands, my tomb
With odors visited and annual flowers.
Not less renowned than in Mount Ephraim
Jael, who with inhospitable guile
Smote Sisera sleeping through the temples nailed. 990
Nor shall I count it heinous to enjoy
The public marks of honor and reward
Conferred upon me for the piety
Which to my country I was judged to have shown.
At this whoever envies or repines, 995
I leave him his lot, and like my own.

CHORUS
She's gone, a manifest Serpent by her sting
Discovered in the end, till now concealed.

da infâmia, a condenar-me, no meu nome?
De atentar aos cuidados teus desisto,
portanto, e menos desaprovo os meus. 970
Tem Fama duas bocas, senão faces,
e num sopro contrário os feitos conta,
com suas asas, negra uma, a outra, alva,
grandes nomes alçando em voo revolto.
Pode o meu nome, em meio aos circuncisos, 975
em Dã, como em Judá e nas tribos próximas,
ser difamado em séculos por vir,
com maldições, da falsidade a mácula
mais anticonjugal sendo imprecadas.
Mas, onde mais desejo, em minha pátria, 980
em Ecrom, Gaza, Asdode e também Gath,
terei meu nome em meio aos mais famosos
das mulheres, cantado em festas célebres,
vivos e mortos nos anais, que a pátria
de seu algoz salvou, ao preferi-la 985
à fé de alianças nupciais, meu túmulo
de incenso olente e flores peregrinas.
Com tal renome qual, no Monte Efráim,
tem Jael, que em seu leito abateu Síssera
cravada a estaca à fronte, ardil inóspito. 990
Tampouco arbitro odioso desfrutar
das marcas públicas de agrado e honra
que serão conferidas, porque à pátria,
julgam, minha piedade demonstrei.
Isso quem quer que inveje ou recrimine, 995
eu o deixo ao seu quinhão, como eu ao meu.

CORO
Foi-se ela, serpe manifesta, exposta
pelas presas, ocultas até então.

SAMSON
So let her go, God sent her to debase me,
And aggravate my folly, who committed
To such a viper his most sacred trust
Of secrecy, my safety, and my life.

CHORUS
Yet beauty, though injurious, hath strange power,
After offense returning, to regain
Love once possessed, nor can be easily
Repulsed, without much inward passion felt,
And secret sting of amorous remorse.

SAMSON
Love-quarrels oft in pleasing concord end,
Not wedlock-treachery endangering life.

CHORUS
It is not virtue, wisdom, valor, wit,
Strength, comeliness of shape, or amplest merit,
That woman's love can win, or long inherit;
But what it is, hard is to say,
Harder to hit,
(Which way soever men refer it)
Much like thy riddle, Samson in one day
Or seven though one should musing sit;

If any of these, or all, the Timnian bride
Had not so soon preferred
Thy Paranymph, worthless to thee compared,
Successor in thy bed,
Nor both so loosely disallied
Their nuptials, nor this last so treacherously
Had shorn the fatal harvest of thy head.
Is it for that such outward ornament

SANSÃO
Pois que vá, p'ra aviltar-me Deus mandou-a,
e agravar-me a sandice de a tal víbora   1.000
ter entregue a mais sacra confiança
de sigilo, então meu amparo e vida.

CORO
Tem estranho poder, mesmo na injúria,
a beleza, voltando após a ofensa,
de reclamar o amor possuído outrora,   1.005
irresistível sem paixões internas,
do venéreo remorso a presa oculta.

SANSÃO
Na concórdia as querelas de amor findam,
não conjugal perfídia e risco à vida.

CORO
Não é o saber, virtude, nem valor,   1.010
força, beleza ou mérito maior
que ganha da mulher o seu amor;
e o que é, ninguém saber diria,
nem sabe o cor,
(qualquer que seja o seu pendor)   1.015
como, Sansão, o enigma teu, num dia
ou sete, ao refletir-se ao redor;

Se assim não fosse, a noiva de Timnate
jamais teria eleito
teu paraninfo, perto de ti indigno,   1.020
sucessor em teu leito,
nem teriam rompido, lassas,
as núpcias, e nem ela, pérfida, feito
a colheita fatal de teu cabelo.
Por isso tem por fora esse ornamento   1.025

Was lavished on their sex, that inward gifts
Were left for haste unfinished, judgment scant,
Capacity not raised to apprehend
Or value what is best,
In choice, but oftest to affect the wrong? 1.030
Or was too much of self-love mixed,
Of constancy no root infixed,
That either they love nothing, or not long?

Whate'er it be, to wisest men and best,
Seeming at first all heavenly under virgin veil, 1.035
Soft, modest, meek, demure,
Once joined, the contrary she proves, a thorn
Intestine, far within defensive arms
A cleaving mischief, in his way to virtue
Adverse and turbulent; or by her charms 1.040
Draws him awry, enslaved
With dotage, and his sense depraved
To folly and shameful deeds, which ruin ends.
What pilot so expert but needs must wreck,
Embarked with such a steers-mate at the helm? 1.045

Favored of Heaven who finds
One virtuous, rarely found,
That in domestic good combines;
Happy that house! his way to peace is smooth:
But virtue which breaks through all opposition, 1.050
And all temptation can remove,
Most shines and most is acceptable above.

Therefore God's universal law
Gave to the man despotic power
Over his female in due awe, 1.055
Nor from that right to part an hour,
Smile she or lour:

esbanjado a seu sexo e inacabados
os dons de dentro, flébil julgamento,
sem criar a aptidão para apreender
e ao melhor dar valor
na escolha, tantas vezes feita errada? 1.030
Ou é amor-próprio em abundância,
sem qualquer raiz de constância,
que as faz amar por pouco tempo ou nada?

A todos, os melhores e mais sábios,
têm antes divo aspecto sob o véu de virgem, 1.035
castas, meigas, modestas,
mas, depois, provam-se o contrário, espinho
intestino demais para defesa,
longa injúria, que a via da virtude
torna adversa e violenta, ou co'a beleza, 1.040
levam-no escravizado,
a delirar, e depravado
seu juízo, rumo à ruína em atos vis.
Que piloto é tão mestre que não há
de naufragar co'um timoneiro assim? 1.045

Do Céu as bênçãos goza
quem, para o bem doméstico,
encontra tão rara virtuosa:
feliz tal lar! Seu rumo à paz é calmo:
mas virtude, que vence os adversários 1.050
e que as tentações todas finda,
mais brilha e mais deleita o Céu ainda.

A Lei de Deus, universal,
dá ao homem, em soberania,
sobre a mulher poder total 1.055
que não há de deixar num dia,
franza ela ou sorria:

So shall he least confusion draw
On his whole life, not swayed
By female usurpation, nor dismayed. 1.060

But had we best retire, I see a storm?

Chorus
But this another kind of tempest brings.

Samson
                Be less abstruse,
My riddling days are past.

Chorus
Look now for no enchanting voice, nor fear 1.065
The bait of honeyed words; a rougher tongue
Draws hitherward, I know him by his stride,
The giant Harapha of Gath, his look
Haughty, as is his pile high-built and proud.
Comes he in peace? What wind hath blown him hither 1.070
I less conjecture than when first I saw
The sumptuous Dalila floating this way:
His habit carries peace, his brow defiance.

Samson
Or peace or not, alike to me he comes.

Chorus
His fraught we soon shalt know, he now arrives. 1.075

Harapha
I come not, Samson, to condole thy chance,

será a perplexão menos mal
a ele, não usurpado
por logros femininos, nem prostrado.　　　　　　　　　1.060

Mas busquemos abrigo! Vejo nuvens.

S‍ansão
Bom tempo amiúde atrai tufões e chuva.

Coro
Esta é outra tormenta.

Sansão
　　　　　　　　　　Tais charadas
são meu passado, sê menos abstruso.

Coro
Não busques voz encantadora, ou temas　　　　　　　1.065
melífluas palavras, crua a língua
que chega; reconheço-o pelo passo,
o Gigante de Gath, Harafa, altivo
seu olhar, tanto quanto ele é vultoso.
Será que vem em paz? Trá-lo qual vento?,　　　　　　1.070
me indago menos do que quando vi
cá a velejar Dalila suntuosa:
em seu hábito há paz, no cenho, audácia.

Sansão
Em paz ou não, igual vem até mim.

Coro
Veremos qual seu cargo em breve, ei-lo.　　　　　　　1.075

Harafa
Não vim p'ra me doer por teu acaso,

As these perhaps, yet wish it had not been,
Though for no friendly intent. I am of Gath;
Men call me Harapha, of stock renowned
As Og, or Anak, and the Emims old 1.080
That Kiriathaim held: Thou know'st me now,
If thou at all art known. Much I have heard
Of thy prodigious might and feats performed,
Incredible to me, in this displeased,
That I was never present on the place 1.085
Of those encounters, where we might have tried
Each other's force in camp or listed field;
And now am come to see of whom such noise
Hath walked about, and each limb to survey,
If thy appearance answer loud report. 1.090

SAMSON
The way to know were not to see, but taste.

HARAPHA
Dost thou already single me; I thought
Gyves and the mill had tamed thee? O that fortune
Had brought me to the field where thou art famed
To have wrought such wonders with an ass' jaw; 1.095
I should have forced thee soon with other arms,
Or left thy carcass where the ass lay thrown:
So had the glory of prowess been recovered
To Palestine, won by a Philistine
From the unforeskinned race, of whom thou bear'st 1.100
The highest name for valiant acts; that honor,
Certain to have won by mortal duel from thee,
I lose, prevented by thy eyes put out.

SAMSON
Boast not of what thou would'st have done, but do
What then thou would'st, thou seest it in thy hand. 1.105

Sansão, como estes cá; lamento, mas
sem razões amistosas. Sou de Gath,
Harafa chamam-me os varões, de célebre
estirpe, como Anak, Og e Emim velhos,   1.080
que Kiriataim guardavam, me conheces
agora, se é que és conhecido. Muito
ouvi de teus prodígios e façanhas,
a mim incríveis, para o meu desgosto
de não estar presente no local   1.085
desses prélios, que a força nós testássemos,
uma a do outro, em torneio ou sobre o campo:
e agora venho ver por quem se fez
tamanho alarde, cada membro olhando,
se condiz teu aspecto a tais rumores.   1.090

Sansão
Provando saberias mais que vendo.

Harafa
Tu já me desafias; te esperava
por grilho e mó domado; Ó, que a sorte
me conduzisse ao campo onde tens fama
de feitos milagrosos co'a mandíbula   1.095
de um asno; quererias outra arma,
ou somava eu tua carcaça ao asno:
é recobrada assim da proeza a glória
palestina, por mãos de um filisteu,
da raça sem prepúcio, entre a qual   1.100
gozas, pela bravura, nome altíssimo,
tal honra eu de ti ganharia em mortal duelo,
perdida, porque os olhos tens vazados.

Sansão
O que terias feito não ostentes,
mas faz o que farias, ei-lo à mão.   1.105

HARAPHA
To combat with a blind man I disdain,
And thou hast need much washing to be touched.

SAMSON
Such usage as your honorable Lords
Afford me, assassinated and betrayed;
Who durst not with their whole united powers   1.110
In fight withstand me single and unarmed,
Nor in the house with chamber-ambushes
Close-banded durst attack me, no, not sleeping,
Till they had hired a woman with their gold,
Breaking her marriage-faith, to circumvent me.   1.115
Therefore, without feign'd shifts, let be assigned
Some narrow place enclosed, where sight may give thee,
Or rather flight, nor great advantage on me;
Then put on all thy gorgeous arms, thy helmet
And brigandine of brass, thy broad habergeon,   1.120
Vant-brass and greaves and gauntlet, add thy spear,
A weaver's beam, and seven-times-folded shield,
I only with an oaken staff will meet thee,
And raise such outcries on thy clattered iron,
Which long shall not withhold me from thy head,   1.125
That in a little time, while breath remains thee,
Thou oft shalt wish thyself at Gath, to boast
Again in safety what thou would'st have done
To Samson, but shalt never see Gath more.

HARAPHA
Thou durst not thus disparage glorious arms   1.130
Which greatest heroes have in battle worn,
Their ornament and safety, had not spells
And black enchantments, some magician's art,
Armed thee or charmed thee strong, which thou from Heaven
Feign'dst at thy birth was given thee in thy hair,   1.135

HARAFA
Desdenho combater um cego, e mais,
vai muita água p'ra alguém poder tocar-te.

SANSÃO
Tal conduta os honrados teus senhores
demonstrando, lograram-me traição
e ruína, que não ousam enfrentar,   1.110
com suas forças todas, a mim, só
e desarmado, ou emboscar-me em casa,
ousando ataque oculto, nem dormindo,
não, sem que uma mulher comprassem co'ouro,
a me enredar, conjugal fé rompendo.   1.115
Sem artifícios, pois, seja escolhido
algum lugar fechado, que assim teu olho,
ou melhor, geolhos, não serão vantagem;
vestirás tuas belas armas, o elmo,
a brigantina, a larga cota de malha,   1.120
braçadeiras, manopla e grevas, e a lança,
o eixo de um tecelão, e as sete camadas
do escudo, e eu brandindo um bastão, só,
de carvalho, virei contra teu ferro,
que, ruidoso, ao teu crânio pouco amparo   1.125
dará contra mim, que o sopro que te resta
gastarás desejando estar em Gath
a salvo, p'ra ostentar o que farias
a Sansão, mas Gath nunca mais verás.

HARAFA
Não ousarias maldizer as armas   1.130
que, assinaladas, de égide e de adorno
já a grãos heróis serviram, se não fosses
por feitiços, encantos negros, a arte
de um mago, que te armou, fortalecido,
que finges ser do Céu dom natal, posto   1.135

Where strength can least abide, though all thy hairs
Were bristles ranged like those that ridge the back
Of chafed wild boars or ruffled porcupines.

SAMSON
I know no spells, use no forbidden arts;
My trust is in the living God, who gave me,   1.140
At my nativity, this strength, diffused
No less through all my sinews, joints, and bones,
Than thine, while I preserved these locks unshorn,
The pledge of my unviolated vow.
For proof hereof, if Dagon be thy god,   1.145
Go to his temple, invocate his aid
With solemnest devotion, spread before him
How highly it concerns his glory now
To frustrate and dissolve these magic spells,
Which I to be the power of Israel's God   1.150
Avow, and challenge Dagon to the test,
Offering to combat thee, his Champion bold,
With th'utmost of his godhead seconded:
Then thou shalt see, or rather to thy sorrow
Soon feel, whose God is strongest, thine or mine.   1.155

HARAPHA
Presume not on thy God, whate'er he be,
Thee he regards not, owns not, hath cut off
Quite from his people, and delivered up
Into thy enemies' hand, permitted them
To put out both thine eyes, and fettered send thee   1.160
Into the common prison, there to grind
Among the slaves and asses, thy comrades,
As good for nothing else, no better service
With those thy boisterous locks; no worthy match
For valor to assail, nor by the sword   1.165
Of noble warrior, so to stain his honor,
But by the barber's razor best subdued.

nos cabelos, lugar alheio à força,
mesmo que fossem cerdas, quais nas costas
têm o cerdo feroz e o porco-espinho.

Sansão
De magos nada sei, proscritas artes; 1.140
no Deus vivo eu me fio, que é quem me dera
esta força ao nascer, difusa tanto
pelos meus nervos, juntas e ossos todos,
quanto a tua, se a coma eu preservasse,
a jura de meus votos inviolados.
Se queres prova, se teu deus é Dágon, 1.145
vai ao seu templo e sua ajuda invoca,
co'a mais solene devoção, rogando
quanto é urgente para sua glória
que se frustrem, dissolvam, tais feitiços,
que é do Deus de Israel o poder, como 1.150
eu bem professo, a Dágon desafiando,
para enfrentar-te, seu Campeão audaz,
valido da deidade sua máxima:
pois irás ver, ou, para o teu azar,
sentir, se tem poder meu Deus ou teu. 1.155

Harafa
Não contes com teu Deus, qualquer que seja,
por ti Ele não preza, deserdado,
extirpado do povo seu e entregue
às mãos do teu imigo, a quem deixara
que vazasse os teus olhos, e em grilhões foste 1.160
mandado à mó no cárcere comum
entre os escravos e asnos, teus comparsas,
sem prestar para nada mais, inútil
como esses vãos cabelos teus, indigno
rival a ser testado, ou para a espada, 1.165
mácula à honra, de um guerreiro nobre,
vencido na navalha do barbeiro.

SAMSON
All these indignities, for such they are
From thine, these evils I deserve and more,
Acknowledge them from God inflicted on me   1.170
Justly, yet despair not of his final pardon,
Whose ear is ever open, and his eye
Gracious to re-admit the suppliant;
In confidence whereof I once again
Defy thee to the trial of mortal fight,   1.175
By combat to decide whose god is God,
Thine, or whom I with Israel's sons adore.

HARAPHA
Fair honor that thou dost thy God, in trusting
He will accept thee to defend his cause,
A murderer, a revolter, and a robber!   1.180

SAMSON
Tongue-doughty giant, how dost thou prove me these?

HARAPHA
Is not thy nation subject to our Lords?
Their magistrates confessed it when they took thee
As a league-breaker, and delivered bound
Into our hands; for hadst thou not committed   1.185
Notorious murder on those thirty men
At Ascalon, who never did thee harm,
Then, like a robber, stripp'dst them of their robes?
The Philistines, when thou hadst broke the league,
Went up with armed powers thee only seeking,   1.190
To others did no violence nor spoil.

SAMSON
Among the daughters of the Philistines
I chose a wife, which argued me no foe;

SANSÃO
Tais impropérios, pois isso é o que são,
de ti, tais males eu mereço, e mais,
eu reconheço a mim por Deus impostos   1.170
com justeza, e do seu perdão final não perco
a esperança, pois tem aberto o ouvido;
e os olhos que a quem suplica readmite,
com graça; assim confiante, eu outra vez
ao duelo mortal te desafio,   1.175
e o prélio provará qual deus é deus,
teu ou quem adoramos, eu e Israel.

HARAFA
Quanta honra trazes ao teu Deus, fiando-te
que ele aceitará vir em teu auxílio,
um rebelde, um ladrão e um assassino.   1.180

SANSÃO
Gigante linguaraz, que provas tens disso?

HARAFA
Não é vassalo do nosso o teu país?
Confessaram-no seus magistrados, quando
por infrator tomaram-te e te ataram,
entregue às nossas mãos: não cometeste,   1.185
notório, o assassinato dos trinta homens
de Ascalon, que mal nunca te fizeram,
e, qual ladrão, tomaste suas roupas?
Pela tua infração, os filisteus,
pegando em armas, só por ti buscaram,   1.190
sem violência ou espólio a mais ninguém.

SANSÃO
Das filhas filisteias escolhi
minha esposa, que imiga não me foi;

And in your city held my nuptial feast:
But your ill-meaning politician lords, 1.195
Under pretense of bridal friends and guests,
Appointed to await me thirty spies,
Who, threatening cruel death, constrained the bride
To wring from me, and tell to them, my secret,
That solved the riddle which I had proposed. 1.200
When I perceived all set on enmity,
As on my enemies, wherever chanced,
I used hostility, and took their spoil,
To pay my underminers in their coin.
My nation was subjected to your lords. 1.205
It was the force of conquest; force with force
Is well ejected when the conquered can.
But I, a private person, whom my country
As a league-breaker gave up bound, presumed
Single rebellion, and did hostile acts. 1.210
I was no private, but a person raised,
With strength sufficient, and command from Heaven,
To free my country; if their servile minds
Me, their Deliverer sent, would not receive,
But to their masters gave me up for nought, 1.215
Th'unworthier they; whence to this day they serve.
I was to do my part from Heaven assigned,
And had performed it if my known offense
Had not disabled me, not all your force:
These shifts refuted, answer thy appellant, 1.220
Though by his blindness maimed for high attempts,
Who now defies thee thrice to single fight,
As a petty enterprise of small enforce.

HARAPHA
With thee, a man condemned, a slave enrolled,
Due by the law to capital punishment? 1.225
To fight with thee no man of arms will deign.

tua cidade vira as minhas núpcias:
teus senhores políticos, malévolos,   1.195
porém, de convidados e de amigos
disfarçados, mandaram trinta espiões,
que, entre ameaças de morte horrenda, a noiva
constrangendo, arrancaram meu segredo,
da charada a resposta que propus.   1.200
Percebendo tamanha pravidade,
como com meus imigos, quando pude,
usei de hostilidade e os espoliei,
aos êmulos pagando em sua moeda.
Ao teu país o meu foi vassalado.   1.205
Foi força de conquista; à força a força
bem se ejeta, se o pode quem conquista.
Mas eu, homem privado, que a nação
minha, como infrator, cedeu atado,
um só rebelde hostil me presumindo.   1.210
Sou não privado, mas um homem feito
com força assaz, sob mando celestial
de livrar meu país; se, servilmente,
eles seu livrador menosprezaram
e aos seus amos cederam-me por nada,   1.215
pior seu desvalor; ainda escravos.
Deu-me o Céu minha parte a realizar
e assim faria, se meu crime infame
não me entrevasse, em vez das tuas forças.
Negados teus ardis, responde a quem   1.220
te apela, mesmo por seu brio cegado,
que ora à lida três vezes desafia-te,
empreitada menor de pouco alento.

HARAFA
Contigo, um condenado, um servo em rol,
por lei fadado à pena capital?   1.225
Guerreiro algum contigo lutaria.

Samson
Cam'st thou for this, vain boaster, to survey me,
To descant on my strength, and give thy verdict?
Come nearer; part not hence so slight informed;
But take good heed my hand survey not thee. 1.230

Harapha
O Baal-zebub! can my ears unused
Hear these dishonors, and not render death?

Samson
No man withholds thee; nothing from thy hand
Fear I incurable; bring up thy van;
My heels are fettered, but my fist is free. 1.235

Harapha
This insolence other kind of answer fits.

Samson
Go, baffled coward, lest I run upon thee,
Though in these chains, bulk without spirit vast,
And with one buffet lay thy structure low,
Or swing thee in the air, then dash thee down, 1.240
To the hazard of thy brains and shattered sides.

Harapha
By Astaroth, ere long thou shalt lament
These braveries, in irons loaden on thee.

Chorus
His Giantship is gone somewhat crest-fallen,
Stalking with less unconscionable strides, 1.245
And lower looks, but in a sultry chafe.

SANSÃO
Para isso vieste, fanfarrão, miudar-me
e com descante dar teu veredicto?
Vem mais perto, não vás desinformado;
só cuida que esta mão não te esmiúde.   1.230

HARAFA
Ó, Baal-Zebub! Pode o ouvido alheio
a tal desonra ouvi-la sem matá-lo?

SANSÃO
Ninguém detém-te, nada da mão tua
temo ser incurável, ergue a guarda,
tenho grilhões aos pés, mas livre o punho.   1.235

HARAFA
Esta insolência é digna doutra réplica.

SANSÃO
Vai, covarde infeliz, mesmo em correntes,
que eu não te alcance, Ó vulto pusilânime,
e te arrase a estrutura num só golpe,
ou no ar te atire e então te lance ao chão,   1.240
p'ra o dano dos teus miolos e ossos rotos.

HARAFA
Por Astaroth, em breve irás queixar-te
dessas bravatas sob os novos ferros.

CORO
Sai cabisbaixa a Vossa Giganteza,
se esgueira em passos menos colossais   1.245
e abaixa o olhar, mas arde-lhe a carranca.

SAMSON
I dread him not, nor all his giant brood,
Though fame divulge him father of five sons,
All of gigantic size, Goliah chief.

CHORUS
He will directly to the lords, I fear, 1.250
And with malicious counsel stir them up
Some way or other yet further to afflict thee.

SAMSON
He must allege some cause, and offered fight
Will not dare mention, lest a question rise
Whether he durst accept the offer or not, 1.255
And that he durst not plain enough appeared.
Much more affliction than already felt
They cannot well impose, nor I sustain;
If they intend advantage of my labors,
The work of many hands, which earns my keeping, 1.260
With no small profit daily to my owners.
But come what will; my deadliest foe will prove
My speediest friend, by death to rid me hence.
The worst that he can give to me the best.
Yet so it may fall out, because their end 1.265
Is hate, not help to me, it may with mine
Draw their own ruin who attempt the deed.

CHORUS
O, how comely it is, and how reviving
To the spirits of just men long oppressed!
When God into the hands of their deliverer 1.270
Puts invincible might,
To quell the mighty of the earth, th'oppressor,
The brute and boisterous force of violent men,
Hardy and industrious to support

SANSÃO
Nem a ele ou sua imensa raça eu temo,
mesmo famoso, o pai de cinco filhos,
todos gigantes, o maior Golias.

CORO
Receio que, direto aos seus senhores,   1.250
vai-se ele e traz conselhos malfazejos,
para mais convencê-los a afligir-te.

SANSÃO
Ele alegará alguma causa, a luta
proposta não ousando mencionar,
que se ousara aceitá-la não indaguem,   1.255
bem claro fica que ele o não ousara.
Maiores aflições do que já sofro
não hão de impor, tampouco eu suportar,
se da minha labuta almejam ganho,
obra de várias mãos, razão do cárcere,   1.260
com lucros não pequenos aos meus donos.
Seja o que for, o imigo mais mortífero
caro amigo há de ser-me, ao dar-me a morte,
quanto pior, melhor será p'ra mim.
E talvez seja assim, porque seus fins   1.265
sendo ódio e não socorro, com a minha
a própria ruína podem atrair.

CORO
Como é belo e animador ao espírito
dos homens justos há muito oprimidos!
Quando Deus põe nas mãos de seu livrador   1.270
invencível poder
contra os poderosos da Terra, opressores,
a força bruta e vã de homens violentos
que em robustez e indústria dão apoio

Tyrannic power, but raging to pursue 1.275
The righteous, and all such as honor truth!
He all their ammunition
And feats of war defeats,
With plain heroic magnitude of mind
And celestial vigor armed; 1.280
Their armories and magazines contemns,
Renders them useless, while
With wingèd expedition
Swift as the lightning glance he executes
His errand on the wicked, who, surprised, 1.285
Lose their defense, distracted and amazed.

But patience is more oft the exercise
Of saints, the trial of their fortitude,
Making them each his own deliverer,
And victor over all 1.290
That tyranny or fortune can inflict.
Either of these is in thy lot,
Samson, with might endued
Above the sons of men; but sight bereaved
May chance to number thee with those
Whom Patience finally must crown. 1.295

This Idol's day hath been to thee no day of rest,
Laboring thy mind
More than the working day thy hands.
And yet, perhaps, more trouble is behind; 1.300
For I descry this way
Some other tending; in his hand
A scepter or quaint staff he bears,
Comes on amain, speed in his look.
By his habit I discern him now 1.305
A Public Officer, and now at hand.
His message will be short and voluble.

à tirania, mas, irosos, perseguem 1.275
os justos, todos que honram a verdade,
ele às munições suas
e feitos márcios vence,
armado só da heroica magnitude
mental, vigor celeste, 1.280
seus arsenais e estoques desprezando,
os assolou, enquanto
com tal alada pressa,
ligeiro qual relâmpago executa
sua missão nos ímpios, que, em surpresa, 1.285
baixam a guarda, atônitos, distraídos.

Mas amiúde a paciência é o exercício
dos santos, teste à sua fortitude,
que faz de cada o próprio livrador,
triunfante sobre tudo 1.290
que a sorte ou tirania hão de infligir,
é o teu quinhão um desses dois,
Sansão, de força imbuído
mais que os filhos dos homens; mas que a vista
perdida permita que àqueles 1.295
te somes, da paciência c'roados.

Para o repouso não te foi tal dia idólatra,
obrando mais
que as tuas mãos a tua mente,
mais angústias, porém, vêm de repente. 1.300
Pois avisto, a caminho,
alguém que delas cuida, a mão
trazendo algum cetro ou bastão,
que presto vem, pressa no aspecto.
Ora pelo hábito o distingo, 1.305
um Oficial Público, que chega.
Seu recado será breve e volúvel.

OFFICER
Ebrews, the prisoner Samson here I seek.

CHORUS
His manacles remark him; there he sits.

OFFICER
Samson, to thee our Lords thus bid me say; 1.310
This day to Dagon is a solemn feast,
With sacrifices, triumph, pomp, and games;
Thy strength they know surpassing human rate,
And now some public proof thereof require
To honor this great feast, and great assembly; 1.315
Rise therefore with all speed, and come along,
Where I will see thee heartened and fresh clad,
To appear as fits before th'illustrious Lords.

SAMSON
Thou know'st I am an Ebrew, therefore tell,
Our law forbids at their religious rites 1.320
My presence; for that cause I cannot come.

OFFICER
This answer, be assured, will not content them.

SAMSON
Have they not sword-players, and every sort
Of gymnic artists, wrestlers, riders, runners,
Jugglers and dancers, antics, mummers, mimics, 1.325
But they must pick me out, with shackles tired,
And over-labored at their public mill,
To make them sport with blind activity?
Do they not seek occasion of new quarrels,
On my refusal, to distress me more, 1.330
Or make a game of my calamities?
Return the way thou cam'st, I will not come.

OFICIAL
Busco, hebreus, cá Sansão, o prisioneiro.

CORO
A manilha o demarca, ali se assenta.

OFICIAL
Sansão, por meus senhores vim dizer-te: 1.310
festim solene temos hoje a Dágon,
com sacrifícios, triunfo, pompa e jogos;
tem fama tua força sobre-humana,
e ora exigem que a proves ante o público,
para este grão festim honrar, e encontro; 1.315
levanta, pois, com toda pressa e segue-me,
que a ti daremos roupas limpas e ânimo,
para aos nobres senhores vires digno.

SANSÃO
Sabes que sou hebreu, portanto, diz-lhes
que em seus ritos a nossa Lei proíbe 1.320
minha presença; eis por que não posso ir.

OFICIAL
É certo que isso vai desagradá-los.

SANSÃO
Não têm espadachins e toda sorte
de lutador, ginasta, cavaleiro,
malabar, momo, dançarino e mímico, 1.325
que devem me escolher, acorrentado
e combalido em seu engenho público,
para com cega ostentação recreá-los?
Não buscam ocasião de novas rixas
por recusar-me a mais me amargurar, 1.330
ou das minhas desgraças fazer troça?
Volta por onde vieste, eu não irei.

OFFICER
Regard thyself, this will offend them highly.

SAMSON
Myself? my conscience, and internal peace.
Can they think me so broken, so debased   1.335
With corporal servitude, that my mind ever
Will condescend to such absurd commands?
Although their drudge, to be their fool or jester,
And, in my midst of sorrow and heart-grief,
To shew them feats, and play before their god,   1.340
The worst of all indignities, yet on me
Joined with extreme contempt? I will not come.

OFFICER
My message was imposed on me with speed,
Brooks no delay: is this thy resolution?

SAMSON
So take it with what speed thy message needs.   1.345

OFFICER
I am sorry what this stoutness will produce.

SAMSON
Perhaps thou shalt have cause to sorrow indeed.

CHORUS
Consider, Samson; matters now are strained
Up to the height, whether to hold or break.
He's gone and who knows how he may report   1.350
Thy words by adding fuel to the flame?
Expect another message, more imperious,
More lordly thundering than thou well wilt bear.

110

OFICIAL
A ti mesmo te atenta; é grave ofensa.

SANSÃO
A mim? Minha consciência e paz interna.
Creem-me tão aviltado, tão destruído   1.335
co'o corpo em servidão, que a minha mente
condescenderá a ordens tão absurdas?
Mourejo, mas servir-lhes de bufão
ou bobo, e, em meio à minha dor e mágoa,
jogar, mostrar-lhes feitos ante o ídolo,   1.340
pior indignidade, imposta a mim
com extremo desprezo? Não irei.

OFICIAL
Foi-me impelida em pressa esta mensagem,
atraso algum admite: estás convicto?

SANSÃO
Leva-a, pois, com a pressa que ela exige.   1.345

OFICIAL
Lamento o que trará essa intrepidez.

SANSÃO
Terás, talvez, motivos p'ra lamento.

CORO
Considera, Sansão; tenso é teu caso
ao último, se irá ou não rebentar;
ele parte e há de relatar teus termos,   1.350
sabe-se como, alimentando o fogo.
Aguarda outra mensagem, mais despótica,
trovoando senhorial, mais que arcar podes.

Samson
Shall I abuse this consecrated gift
Of strength, again returning with my hair   1.355
After my great transgression, so requite
Favor renewed, and add a greater sin
By prostituting holy things to idols;
A Nazarite, in place abominable,
Vaunting my strength in honor to their Dagon?   1.360
Besides how vile, contemptible, ridiculous,
What act more execrably unclean, profane?

Chorus
Yet with this strength thou serv'st the Philistines,
Idolatrous, uncircumcised, unclean.

Samson
Not in their idol-worship, but by labor   1.365
Honest and lawful to deserve my food
Of those who have me in their civil power.

Chorus
Where the heart joins not, outward acts defile not.

Samson
Where outward force constrains, the sentence holds;
But who constrains me to the temple of Dagon,   1.370
Not dragging? The Philistian Lords command.
Commands are no constraints. If I obey them,
I do it freely; venturing to displease
God for the fear of Man, and Man prefer,
Set God behind: which, in his jealousy,   1.375
Shall never, unrepented, find forgiveness.
Yet that he may dispense with me, or thee,
Present in temples at idolatrous rites
For some important cause, thou need'st not doubt.

SANSÃO
Devo abusar do dom meu consagrado,
da força, e retornar com meu cabelo,　　　　　　　　　1.355
após a grande transgressão, pagar
assim novo favor, maior pecado
somando ao prostituir o sacro aos ídolos;
nazireu num lugar abominável
a ostentar minha força em honra a Dágon?　　　　　　1.360
E, além, que desprezível, vil, ridículo,
que ato execrável mais profano, impuro?

CORO
Mas co'esta força ao filisteu serviste,
incircunciso, idólatra e impuro.

SANSÃO
Não em idolatria, e sim labuta,　　　　　　　　　　　1.365
honesta e lícita, em ganhar meu pão
dos que me têm em seu poder civil.

CORO
Se o cor se ausenta, gesto algum corrompe.

SANSÃO
Vale a sentença só se a força coage;
mas que coação me leva ao Templo de Dágon,　　　　1.370
sem me arrastar? Ordenam os senhores.
Ordem não é coação. Se os obedeço,
é por livre vontade; contrariando
Deus por temor ao homem; e a Deus o homem
prefere abandonar: os ciúmes dele,　　　　　　　　　1.375
sem arrependimento, não perdoam.
Mas pode ele escusar a minha, a tua
presença em templos de rituais idólatras
por causas importantes, não duvides.

113

CHORUS
How thou wilt here come off surmounts my reach. 1.380

SAMSON
Be of good courage, I begin to feel
Some rousing motions in me, which dispose
To something extraordinary in my thoughts.
I with this messenger will go along,
Nothing to do, be sure, that may dishonor 1.385
Our Law, or stain my vow of Nazarite.
If there be aught of presage in the mind,
This day will be remarkable in my life
By some great act, or of my days the last.

CHORUS
In time thou hast resolved, the man returns. 1.390

OFFICER
Samson, this second message from our Lords
To thee I am bid say. Art thou our slave,
Our captive, at the public mill our drudge,
And dar'st thou, at our sending and command,
Dispute thy coming? Come without delay; 1.395
Or we shall find such engines to assail
And hamper thee, as thou shalt come of force,
Though thou wert firmlier fastened than a rock.

SAMSON
I could be well content to try their art,
Which to no few of them would prove pernicious. 1.400
Yet, knowing their advantages too many,
Because they shall not trail me through their streets
Like a wild beast, I am content to go.
Masters' commands come with a power resistless
To such as owe them absolute subjection; 1.405

CORO
Está além de mim como isso se dará.   1.380

SANSÃO
Te encoraja, começo a sentir que algo,
despertando, se move em mim e aponta
meus pensamentos a algo extraordinário.
Eu co'este mensageiro seguirei,
nada farei, é certo, que a Lei nossa   1.385
desonre e os votos nazireus conspurque.
Se algo o espírito pressagia, hoje
será um dia afamado em minha vida,
por um grande ato, ou há de ser meu último.

CORO
Te decidiste em tempo, o homem volta.   1.390

OFICIAL
Sansão, outra mensagem dos senhores
tenho ordens de dizer-te; és nosso escravo,
cativo, a mourejar no engenho público,
e ousas às nossas ordens e comando
te recusar a vir? Vem sem demora;   1.395
ou tramaremos um embuste que há
de assaltar-te e deter, virás à força,
mesmo que feito rocha te firmasses.

SANSÃO
Contentar-me-ia bem testar-lhes a arte,
aos seus, não poucos, pernicioso embate.   1.400
Mas têm eles, eu sei, muitas vantagens,
e, porque não irão correr-me as ruas
qual besta-fera, me contento em ir.
Irresistível o poder das ordens
dos amos sobre quem lhes deve acato;   1.405

And for a life who will not change his purpose?
(So mutable are all the ways of men)
Yet this be sure, in nothing to comply
Scandalous or forbidden in our Law.

Officer
I praise thy resolution; doff these links: 1.410
By this compliance thou wilt win the Lords
To favor, and perhaps to set thee free.

Samson
Brethren, farewell, your company along
I will not wish, lest it perhaps offend them
To see me girt with friends; and how the sight 1.415
Of me, as of a common enemy,
So dreaded once, may now exasperate them
I know not. Lords are lordliest in their wine;
And the well-feasted priest then soonest fired
With zeal, if aught religion seem concerned: 1.420
No less the people, on their holy days,
Impetuous, insolent, unquenchable.
Happen what may, of me expect to hear
Nothing dishonorable, impure, unworthy
Our God, our Law, my nation, or myself; 1.425
The last of me or no I cannot warrant.

Chorus
Go, and the Holy One
Of Israel be thy guide
To what may serve his glory best, and spread his name
Great among the Heathen round: 1.430
Send thee the Angel of thy birth, to stand
Fast by thy side, who from thy father's field
Rode up in flames after his message told
Of thy conception, and be now a shield

quem não muda as vontades pela vida?
(Tão mutáveis os hábitos dos homens)
Mas isto é certo: em nada serei cúmplice
que à Lei seja proibido e escandaloso.

Oficial
Louvável decisão; tirai os grilhos: 1.410
submisso, dos senhores ganharás
o favor, que talvez, pois, te libertem.

Sansão
Irmãos, adeus, comigo não desejo
a vossa companhia, há de ofendê-los,
talvez, que eu tenha amigos; e a visão 1.415
do inimigo em comum, temido outrora,
como irá exasperá-los eu não sei.
Senhoriais os senhores, mais que nunca,
com seu vinho; e também seus fartos clérigos,
não zelosos, a fé pouco os preocupa: 1.420
não menos é a ralé, nos dias sacros,
impetuosa, insolente e insaciável;
seja o que for, de mim não espereis
nada de desonroso, impuro, indigno,
a nosso Deus, Nação, Lei, a mim mesmo, 1.425
se iremos nos rever, eu não prometo.

Coro
Vai, que seja o teu guia
o Santo de Israel
para o que melhor serve a sua glória e nome
grandioso em meio aos infiéis: 1.430
o teu Anjo Natal envia, estando
firme ao teu lado, que ascendeu em chamas
das glebas do teu pai, ao prenunciar
a tua conceição, que seja uma égide

Of fire; that Spirit that first rushed on thee 1.435
In the camp of Dan,
Be efficacious in thee now at need.
For never was from Heaven imparted
Measure of strength so great to mortal seed,
As in thy wondrous actions hath been seen. 1.440
But wherefore comes old Manoa in such haste
With youthful steps? Much livelier than erewhile
He seems: supposing here to find his son,
Or of him bringing to us some glad news?

Manoa
Peace with you, brethren; my inducement hither 1.445
Was not at present here to find my son,
By order of the Lords new parted hence
To come and play before them at their feast.
I heard all as I came; the city rings,
And numbers thither flock; I had no will, 1.450
Lest I should see him forced to things unseemly.
But that which moved my coming now was chiefly
To give ye part with me what hope I have
With good success to work his liberty.

Chorus
That hope would much rejoice us to partake 1.455
With thee; say, reverend sire, we thirst to hear.

Manoa
I have attempted one by one the Lords,
Either at home, or through the high street passing,
With supplication prone and father's tears,
To accept of ransom for my son, their prisoner. 1.460
Some much averse I found, and wondrous harsh,
Contemptuous, proud, set on revenge and spite;
That part most reverenced Dagon and his priests:

de fogo; aquele Espírito que a ti veio　　　　　　　　1.435
pela vez primeira
no acampamento em Dã, que valha agora.
Pois tal mesura em força nunca o Céu
concedera à semente dos mortais,
como visto em teus atos milagrosos.　　　　　　　　1.440
Mas por que o velho Manoá, apressado,
vem, com passos joviais? Mais que antes vívido
ele aparenta: pensa cá encontrar
seu filho, ou dele traz boas notícias?

MANOÁ
Paz a vós, meus irmãos, o que me traz　　　　　　　1.445
aqui já não é a busca por meu filho
que partira por ordem dos senhores
p'ra nos festins perante eles jogar.
Tudo ouvi no caminho, dobram sinos
na urbe e multidões chegam, mas eu não,　　　　　　1.450
que o não veja forçado a atos vis.
Mas o que me motiva a vir agora
é partilhar convosco as esperanças
do bom sucesso de intentar livrá-lo.

CORO
Alegre é partilhar tais esperanças;　　　　　　　　　1.455
almo senhor, de ouvir-te temos sede.

MANOÁ
Um por um fui tratar com os senhores,
fosse em casa ou passando pelas ruas,
com mansa súplica e paternas lágrimas,
que aceitassem resgate por meu filho,　　　　　　　1.460
seu cativo; alguns vi avessos, rígidos,
desdenhosos, soberbos, vingativos;
reverentes a Dágon e seus clérigos,

Others more moderate seeming, but their aim
Private reward, for which both God and State 1.465
They easily would set to sale: a third
More generous far and civil, who confessed
They had enough revenged, having reduced
Their foe to misery beneath their fears,
The rest was magnanimity to remit, 1.470
If some convenient ranson were proposed.
What noise or shout was that? It tore the sky.

CHORUS
Doubtless the people shouting to behold
Their once great dread, captive and blind before them,
Or at some proof of strength before them shown. 1.475

MANOA
His ransom, if my whole inheritance
May compass it, shall willingly be paid
And numbered down: much rather I shall choose
To live the poorest in my tribe, than richest
And he in that calamitous prison left. 1.480
No, I am fixed not to part hence without him.
For his redemption all my patrimony,
If need be, I am ready to forgo
And quit: not wanting him, I shall want nothing.

CHORUS
Fathers are wont to lay up for their sons; 1.485
Thou for thy son art bent to lay out all;
Sons wont to nurse their parents in old age,
Thou in old age car'st how to nurse thy son,
Made older than thy age through eyesight lost.

MANOA
It shall be my delight to tend his eyes, 1.490

outros havia moderados, mas
lucro visavam, Deus e Estado logo 1.465
feitos venais, e uma terceira parte,
mais civil, generosa, confessava-se
saciada de vingança, pois trouxera,
sob seus medos, miséria ao seu imigo,
perdoar o resto era-lhes magnânimo, 1.470
se proposto um resgate conveniente.
Que ruído ou grito é este? Rasga o Céu.

CORO
É a multidão gritando ao ver, sem dúvida,
seu outrora grão temor cativo e cego,
ou uma prova de força diante deles. 1.475

MANOÁ
Seu resgate, se toda minha herança
cobri-lo, de bom grado será pago
e contado: prefiro optar por ser
o mais pobre da tribo do que rico,
e ele nessa prisão calamitosa. 1.480
Não, resoluto estou, não vou sem ele.
Do patrimônio meu, por redimi-lo,
se preciso for, hei de prescindir
e abster: não faltando ele, nada falta-me.

CORO
É próprio aos pais se doarem por seus filhos, 1.485
tu, por teu filho, tudo doarias;
aos filhos, que os pais zelem na velhice,
tu, na tua velhice, o filho zelas,
mais, na vista perdida, envelhecido.

MANOÁ
Dos seus olhos cuidar será meu júbilo, 1.490

And view him sitting in his house, ennobled
With all those high exploits by him achieved,
And on his shoulders waving down those locks
That of a nation armed the strength contained:
And I persuade me God hath not permitted   1.495
His strength again to grow up with his hair
Garrisoned round about him like a camp
Of faithful soldiery, were not his purpose
To use him further yet in some great service,
Not to sit idle with so great a gift   1.500
Useless, and thence ridiculous, about him.
And, since his strength with eyesight was not lost,
God will restore him eyesight to his strength.

CHORUS
Thy hopes are not ill founded, nor seem vain,
Of his delivery, and thy joy thereon   1.505
Conceived, agreeable to a father's love,
In both which we, as next, participate.

MANOA
I know your friendly minds, and—O, what noise!
Mercy of Heaven! what hideous noise was that?
Horribly loud, unlike the former shout.   1.510

CHORUS
Noise call you it, or universal groan,
As if the whole inhabitation perished?
Blood, death, and deathful deeds are in that noise,
Ruin, destruction at the utmost point.

MANOA
Of ruin indeed methought I heard the noise,   1.515
Oh it continues, they have slain my son.

e assentá-lo no lar, enobrecido
pelos feitos altivos conquistados
e pendendo nos ombros os cabelos,
que contêm a força que arma uma nação:
e Deus não permitira, estou convicto,   1.495
que a força, com as mechas, cresça e volte
a guarnecê-lo como acampamento
de soldados fiéis, se o seu propósito
não for usá-lo mais p'ra algum serviço,
em vez de sentar-se ocioso com tal dádiva   1.500
inútil e por isso, então, ridícula.
Pois não perdera a força com a vista,
Deus restaurará a vista com a força.

Coro
Nem vã, nem infundada é a esperança
tua de libertá-lo e a alegria   1.505
concebida, ao amor de um pai concordes,
das quais nós, sua gente, partilhamos.

Manoá
De vosso ânimo eu sei bem e – Ó, que estrondo!
Que horrendo estrondo foi, misericórdia!
Atrozmente alto, mais que aquele grito.   1.510

Coro
Falas de estrondo, ou queixa universal,
qual perecesse toda a habitação,
morte e sangue há no estrondo, atos mortíferos,
cúmulo da ruína e destruição.

Manoá
De fato, ouvi ruína nesse estrondo,   1.515
ai, não cessa, mataram o meu filho.

CHORUS
Thy son is rather slaying them; that outcry
From slaughter of one foe could not ascend.

MANOA
Some dismal accident it needs must be;
What shall we do, stay here or run and see? 1.520

CHORUS
Best keep together here, lest, running thither,
We unawares, run into danger's mouth.
This evil on the Philistines is fallen,
From whom could else a general cry be heard?
The sufferers, then, will scarce molest us here, 1.525
From other hands we need not much to fear.
What if, his eyesight (for to Israel's God
Nothing is hard) by miracle restored,
He now be dealing dole among his foes,
And over heaps of slaughtered walk his way? 1.530

MANOA
That were a joy presumptuous to be thought.

CHORUS
Yet God hath wrought things as incredible
For his people of old; what hinders now?

MANOA
He can, I know, but doubt to think he will;
Yet hope would fain subscribe, and tempts belief. 1.535
A little stay will bring some notice hither.

CHORUS
Of good or bad so great, of bad the sooner;
For evil news rides post, while good news baits.

CORO
Teu filho é quem os mata antes, tal clamor
de uma só morte não pode ascender.

MANOÁ
Um funesto acidente há de ter sido;
o que fazer? Ficar? Correr p'ra ver? 1.520

CORO
Melhor ficar aqui, pois lá correndo
arriscamos a boca do perigo.
Um mal assim recai nos filisteus,
de onde mais tal clamor geral viria?
Não nos turvam aqui os sofredores, 1.525
de outras mãos esperamos que temores?
E se, sua visão (pois nada ao Deus
de Israel é difícil) por milagre
restaurada, ora traz dolo aos imigos
e caminha entre pilhas de cadáveres? 1.530

MANOÁ
Essa alegria excede o concebível.

CORO
Mas Deus obrara já coisas incríveis
outrora ao povo seu; que impede agora?

MANOÁ
Que pode eu sei, duvido que deseje;
quer a esperança anuir, e tenta a crença. 1.535
Aqui, logo teremos mais notícia.

CORO
Boa ou má tanto faz, se má, quanto antes;
ligeira a má notícia, a boa tarda.

And to our wish I see one hither speeding,
An Ebrew, as I guess, and of our tribe. 1.540

Messenger
O, whither shall I run, or which way fly
The sight of this so horrid spectacle,
Which erst my eyes beheld, and yet behold?
For dire imagination still, pursues me.
But providence or instinct of nature seems, 1.545
Or reason, though disturbed and scarce consulted,
To have guided me aright, I know not how,
To thee first, reverend Manoa, and to these
My countrymen, whom here I knew remaining,
As at some distance from the place of horror, 1.550
So in the sad event too much concerned.

Manoa
The accident was loud, and here before thee
With rueful cry, yet what it was we hear not;
No preface needs, thou seest we long to know.

Messenger
It would burst forth, but I recover breath, 1.555
And sense distract, to know well what I utter.

Manoa
Tell us the sum, the circumstance defer.

Messenger
Gaza yet stands, but all her sons are fallen,
All in a moment overwhelmed and fallen.

Manoa
Sad, but thou know'st to Israelites not saddest 1.560
The desolation of a hostile city.

E o que quisemos, ei-lo: alguém vem rápido,
creio-o ser um hebreu, da nossa tribo.   1.540

Mensageiro
Ó, aonde corro, ou por qual via fujo
da visão de tão hórrido espetáculo?
Que os olhos avistaram, e inda avistam;
pois a imaginação cruel persegue-me.
A providência ou natural instinto,   1.545
ou turvada razão, mal consultada,
porém, guiou-me certo, não sei como,
a ti primeiro, Manoá verendo,
e aos compatriotas meus, que eu cá sabia
estarem, longe do lugar de horror,   1.550
preocupadíssimos co'o triste evento.

Manoá
Estrondoso o acidente, e cá chegaram
seus torvos gritos, mas não se ouviu o que era,
vês: queremos saber, dispensa o exórdio.

Mensageiro
A fala irrompe, mas recobro o fôlego   1.555
e o senso pasmo, p'ra saber que digo.

Manoá
Dá o resumo, defere as circunstâncias.

Mensageiro
Gaza resiste, mas seus filhos tombam,
num só momento, todos cedem, tombam.

Manoá
Triste, mas não demais p'ra um israelita   1.560
uma cidade hostil ser desolada.

Messenger
Feed on that first; there may in grief be surfeit.

Manoa
Relate to whom.

Messenger
              By Samson.

Manoa
                    That still lessens
The sorrow, and converts it nigh to joy.

Messenger
Ah Manoa, I refrain too suddenly   1.565
To utter what will come at last too soon;
Lest evil tidings, with too rude irruption
Hitting thy aged ear, should pierce too deep.

Manoa
Suspense in news is torture, speak them out.

Messenger
Then take the worst in brief, Samson is dead.   1.570

Manoa
The worst indeed! O all my hope's defeated
To free him hence! but Death, who sets all free,
Hath paid his ransom now and full discharge.
What windy joy this day had I conceived,
Hopeful of his delivery, which now proves   1.575
Abortive as the first-born bloom of spring
Nipt with the lagging rear of winter's frost.
Yet, ere I give the reins to grief, say first
How died he? death to life is crown or shame.

MENSAGEIRO
Digere isso antes, sobejará luto.

MANOÁ
Por que causa?

MENSAGEIRO
             Sansão.

MANOÁ
             Inda se abranda
a dor e quase em júbilo converte-se.

MENSAGEIRO
Ah, Manoá, refreio-me de, súbito   1.565
demais, contar o que virá tão logo;
que, ao irromperem rudes, as más novas
não cavem fundo em teu vetusto ouvido.

MANOÁ
É tortura o suspense em novas, fala.

MENSAGEIRO
Eis, pois, logo o pior: Sansão morreu.   1.570

MANOÁ
De fato pior, Ó, minha esperança
de livrá-lo é vencida! Mas a morte,
que a todos livra, tem pago o resgate.
Que alegria de vento hoje eu gerei,
esperançoso em libertá-lo, vejo-a   1.575
abortiva qual flor vernal precoce,
a que a saraiva ceifa em tardo inverno.
Mas diz, antes que eu ceda à dor as rédeas,
como morreu? À vida a morte é mácula

All by him fell, thou say'st; by whom fell he 1.580
What glorious hand gave Samson his death's wound?

MESSENGER
Unwounded of his enemies he fell.

MANOA
Wearied with slaughter, then, or how? explain.

MESSENGER
By his own hands.

MANOA
                Self-violence? What cause
Brought him so soon at variance with himself 1.585
Among his foes?

MESSENGER
                Inevitable cause
At once both to destroy and be destroyed;
The edifice, where all were met to see him,
Upon their heads and on his own he pulled.

MANOA
O lastly over-strong against thyself! 1.590
A dreadful way thou took'st to thy revenge.
More than enough we know; but, while things yet
Are in confusion, give us, if thou canst,
Eye-witness of what first or last was done,
Relation more particular and distinct. 1.595

MESSENGER
Occasions drew me early to this city,
And, as the gates I entered with sunrise,
The morning trumpets festival proclaimed

ou c'roa. Se eles tombam, quem o tomba?   1.580
Que brava mão feriu Sansão de morte?

Mensageiro
Tombara intacto pelos inimigos.

Manoá
Exausto da matança ou o quê? Explica.

Mensageiro
Por suas próprias mãos.

Manoá
                Autoviolência?
Que causa o fez opor-se a si mesmo entre   1.585
seus imigos?

Mensageiro
              A causa inevitável,
destruir e ser destruído ao mesmo tempo;
o edifício onde todos vieram vê-lo
sobre eles e si ele derrubara.

Manoá
Ó, tão forte no fim contra ti mesmo!   1.590
Que horrenda via a tua p'ra vingar-te.
Sabemos já que basta; mas, enquanto
tudo está em confusão, dá, se puderes,
testemunho do fim ou do princípio,
relato mais particular, distinto.   1.595

Mensageiro
Ocasiões me trouxeram cedo à urbe,
e, ao passar os portões no amanhecer,
trombetas matutinas proclamavam

Through each high street: little I had dispatched,
When all abroad was rumored that this day 1.600
Samson should be brought forth, to show the people
Proof of his mighty strength in feats and games.
I sorrowed at his captive state, but minded
Not to be absent at that spectacle.
The building was a spacious theater, 1.605
Half round on two main pillars vaulted high,
With seats where all the Lords, and each degree
Of sort, might sit in order to behold,
The other side was open, where the throng
On banks and scaffolds under sky might stand; 1.610
I among these aloof obscurely stood.
The feast and noon grew high, and sacrifice
Had filled their hearts with mirth, high cheer, and wine,
When to their sports they turned. Immediately
Was Samson as a public servant brought, 1.615
In their state livery clad: before him pipes
And timbrels; on each side went armed guards;
Both horse and foot before him and behind,
Archers and slingers, cataphracts, and spears.
At sight of him the people with a shout 1.620
Rifted the air, clamoring their god with praise,
Who had made their dreadful enemy, their thrall.
He patient, but undaunted, where they led him,
Came to the place; and what was set before him,
Which without help of eye might be assayed, 1.625
To heave, pull, draw, or break, he still performed
All with incredible, stupendious force,
None daring to appear antagonist.
At length, for intermission sake, they led him
Between the pillars; he his guide requested 1.630
(For so from such as nearer stood we heard),
As over-tired, to let him lean a while
With both his arms on those two massy pillars,

na rua o Festival: recém-chegado,
eis que escuto ao redor rumores; que hoje					1.600
Sansão será trazido para a imensa
força em feitos e jogos demonstrar;
seu cativeiro aflige-me, porém
não queria ausentar-me do espetáculo.
O edifício era um espaçoso teatro,					1.605
em semicírculo, de dois pilares;
com assentos nos quais, de toda estirpe,
os senhores se sentam p'ra assistir,
o outro lado era aberto, onde a turba
ficava em pé em andaimes sob o Céu;					1.610
entre estes estava eu, distante e obscuro.
Prosseguia o festim e o Sol, seus peitos,
plenos de vinho, gozo e sacrifício,
voltaram-se aos esportes. De imediato,
foi trazido Sansão, qual servo público,					1.615
do libré nacional trajado; flautas
e adufes o anunciavam, tinha aos flancos
guardas a pé e montados, que o cerceavam,
catafractários, arcos, fundas, lanças.
Ao vê-lo, com um grito, a multidão					1.620
fendeu o ar num clamor, seu deus louvando
que escravizara o seu temido imigo.
Paciente, mas impávido, aonde o levam,
ele vai, e o que é posto à sua frente,
que se possa avaliar sem usar o olho,					1.625
para puxar, erguer, quebrar, tudo ele
faz com incrível, estupenda força,
que a antagonizá-lo ninguém ousa.
Por fim, num interlúdio ele é levado
entre os pilares; solicita ao guia					1.630
(isso ouvimos de quem mais perto estava)
que o deixe recostar-se, exausto, um pouco,
ambos os braços sobre os dois pilares,

That to the arched roof gave main support.
He unsuspicious led him; which when Samson 1.635
Felt in his arms, with head a while enclined,
And eyes fast fixed, he stood, as one who prayed,
Or some great matter in his mind revolved.
At last, with head erect, thus cried aloud,
"Hitherto, Lords, what your commands imposed 1.640
I have performed, as reason was, obeying,
Not without wonder or delight beheld.
Now, of my own accord, such other trial
I mean to shew you of my strength yet greater;
As with amaze shall strike all who behold." 1.645
This uttered, straining all his nerves, he bowed;
As with the force of winds and waters pent
When mountains tremble, those two massy pillars
With horrible convulsion to and fro
He tugged, he shook, till down they came, and drew 1.650
The whole roof after them with burst of thunder
Upon the heads of all who sat beneath,
Lords, ladies, captains, counsellors, or priests,
Their choice nobility and flower, not only
Of this, but each Philistian city round, 1.655
Met from all parts to solemnize this feast.
Samson, with these immixed, inevitably
Pulled down the same destruction on himself;
The vulgar only scaped, who stood without.

CHORUS
O dearly bought revenge, yet glorious! 1.660
Living or dying thou has fulfilled
The work for which thou wast foretold
To Israel, and now liest victorious
Among thy slain self-killed;
Not willingly, but tangled in the fold 1.665
Of dire necessity, whose law in death conjoined

que à abóbada, maciços, sustentavam.
Sem suspeita, ele acata; pois Sansão 1.635
sente-os nos braços, fixo o olhar, e para,
co'a cabeça inclinada, como orasse,
ou grãs questões na mente revolvesse.
Enfim, ergue a cabeça e alto grita:
"Até agora, senhores, vossas ordens 1.640
eu cumpri, arrazoado, em obediência,
não sem maravilhar as testemunhas.
Ora num outro teste é meu desejo
mostrar-vos minha força, mais notável;
que a todos pasmarei aqui num golpe." 1.645
Dito isso, tensionando os nervos, curva-se,
como o cingisse o brio de ventos e águas,
quando tremem os montes, e os pilares,
em convulsão atroz para cá e lá,
ele puxa e balança, até que caiam, 1.650
o teto inteiro atrás, num trovejar,
nas cabeças de todos lá assentados,
senhores, damas, capitães ou clérigos,
nata e flor da nobreza, não só desta,
mas de cada cidade filisteia, 1.655
reunidos p'ra o festim solenizarem.
Sansão, a estes misto, inevitável,
sobre si deita a mesma destruição;
só o vulgo, que assistia fora, escapa.

Coro
Foste cara, Ó, vingança, mas que glória! 1.660
Vivo ou morto, a obra cumpriste
à qual foste profetizado
a Israel, e, entre os mortos, em vitória,
por ti próprio caíste,
não voluntário, mas, sim, enredado 1.665
por da necessidade a lei, que em morte unira

Thee with thy slaughtered foes, in number more
Than all thy life had slain before.

SEMICHORUS
While their hearts were jocund and sublime,
Drunk with idolatry, drunk with wine 1.670
And fat regorged of bulls and goats,
Chaunting their idol, and preferring
Before our Living Dread, who dwells
In Silo, his bright sanctuary,
Among them he a spirit of phrenzy sent, 1.675
Who hurt their minds,
And urged them on with mad desire
To call in haste for their destroyer;
They only set on sport and play
Unwittingly importuned 1.680
Their own destruction to come speedy upon them.
So fond are mortal men,
Fallen into wrath divine,
As their own ruin on themselves to invite,
Insensate left, or to sense reprobate, 1.685
And with blindness internal struck.

SEMICHORUS
But he though blind of sight,
Despised and thought extinguished quite,
With inward eyes illuminated,
His fiery virtue roused 1.690
From under ashes into sudden flame,
And as an evening Dragon came,
Assailant on the perched roosts
And nests in order ranged
Of tame villatic fowl; but as an Eagle 1.695
His cloudless thunder bolted on their heads.
So Virtue, given for lost,

a ti teus mortos, em maior contagem
que em teus dias toda a carnagem.

Semicoro
Com coração sublime e jucundo,
ébrios do ídolo e ébrios do vinho, 1.670
do pingue de bode e boi fartos,
cantando a idolatria, amada
mais que o nosso Vivo Temor
que tem seu santuário em Siló:
ele um 'spírito de frenesi mandou-lhes, 1.675
ferindo as mentes,
para que, com desejo insano,
clamassem por seu destruidor;
só com jogo e esporte ocupados,
sem sabê-lo ocasionaram 1.680
a própria destruição, ligeira, sobre si.
Tão tolos os mortais
na ira de Deus caídos,
que sobre si convidam a própria ruína,
deixados insensatos, ao juízo 1.685
réprobos, e à cegueira interna.

Semicoro
Mas, mesmo ele cegado,
tido por extinto, aviltado,
na luz do seu olho interior
sua virtude em brasa 1.690
de sob as cinzas salta de repente
e, como um dragão do poente,
investe contra os ninhos altos
e os poleiros dos pássaros
dóceis, campestres; mas como uma águia 1.695
soou sobre eles seu trovão sem nuvens.
E assim, dada por perdida,

Depressed and overthrown, as seemed,
Like that self-begotten bird
In the Arabian woods embost,   1.700
That no second knows nor third,
And lay erewhile a holocaust,
From out her ashy womb now teemed,
Revives, reflourishes, then vigorous most
When most unactive deemed,   1.705
And, though her body die, her fame survives,
A secular bird, ages of lives.

Manoa

Come, come, no time for lamentation now,
Nor much more cause: Samson hath quit himself
Like Samson, and heroicly hath finished   1.710
A life heroic, on his enemies
Fully revenged hath left them years of mourning,
And lamentation to the sons of Caphtor
Through all Philistian bounds. To Israel
Honor hath left and freedom, let but them   1.715
Find courage to lay hold on this occasion;
To himself and father's house eternal fame;
And which is best and happiest yet, all this
With God not parted from him, as was feared,
But favoring and assisting to the end.   1.720
Nothing is here for tears, nothing to wail
Or knock the breast, no weakness, no contempt,
Dispraise, or blame; nothing but well and fair,
And what may quiet us in a death so noble.
Let us go find the body where it lies   1.725
Soaked in his enemies' blood, and from the stream
With lavers pure, and cleansing herbs, wash off
The clotted gore. I, with what speed the while
(Gaza is not in plight to say us nay),
Will send for all my kindred, all my friends,   1.730

a virtude, como adverte,
como o ermo árabe guarnece
de si mesma a ave nascida   1.700
que nenhuma outra conhece
e, em holocausto consumida,
renasce viçosa e se verte
das cinzas do seu ventre, com mais vida
quando julgada inerte,   1.705
e, mesmo morto o corpo, vive a fama,
ave que os séculos reclama.

Manoá
Vem, vem, para lamentos não há tempo,
nem causa agora mais, Sansão partira
como Sansão, findando heroicamente   1.710
a vida heroica, dos imigos tendo
se vingado, legando anos de luto
e lamentos aos filhos de Caftor,
nas terras filisteias. A Israel,
trouxe honra e liberdade, que a coragem   1.715
eles encontrem na ocasião, eterna
fama p'ra si e a casa do seu pai;
e o que é melhor e mais feliz, tudo isso
sem Deus o abandonar, como temíamos,
mas até o fim valendo-o e assistindo.   1.720
Não há por que chorar, ou lamuriar-se,
carpindo o peito; sem desdém, fraqueza,
desprezo ou culpa, tudo é justo e bom,
que uma morte tão nobre traz sossego.
Vamos buscar o corpo onde ele jaz   1.725
do sangue imigo úmido, e no rio,
com vasos puros e ervas aromáticas
lavemos os coágulos. Neste ínterim
(Gaza não poderá nos dizer não),
mando os parentes todos meus, e amigos,   1.730

To fetch him hence, and solemnly attend,
With silent obsequy and funeral train
Home to his father's house: there will I build him
A monument, and plant it round with shade
Of laurel ever green and branching palm,   1.735
With all his trophies hung, and acts enrolled
In copious legend, or sweet lyric song.
Thither shall all the valiant youth resort,
And from his memory inflame their breasts
To matchless valor and adventures high: 1.740
The virgins also shall on feastful days
Visit his tomb with flowers, only bewailing
His lot unfortunate in nuptial choice,
From whence captivity and loss of eyes.

CHORUS
All is best, though we oft doubt,   1.745
What th'unsearchable dispose
Of Highest Wisdom brings about,
And ever best found in the close.
Oft He seems to hide his face,
But unexpectedly returns,   1.750
And to his faithful Champion hath in place
Bore witness gloriously; whence Gaza mourns
And all that band them to resist
His uncontrollable intent;
His servants he with new acquist   1.755
Of true experience from this great event,
With peace and consolation hath dismissed,
And calm of mind, all passion spent.

THE END

para trazê-lo aqui e prestar, solenes,
silente obséquio no cortejo fúnebre,
até o lar do seu pai: lá construirei
para ele um monumento, erguido à sombra
do louro sempre verde e das palmeiras,   1.735
com seus troféus ornado, e sua obra
lembrada em vária lenda ou canções líricas.
Jovens valentes lá terão refúgio,
para o peito abrasar com a memória
de seu raro valor e as aventuras: 1.740
também virgens, com flores, nos festins
visitarão seu túmulo, a chorar
sua infeliz escolha nupcial,
que o levou a servir, perder os olhos.

Coro
Tudo, ainda que se duvide,   1.745
é melhor, no que, em seu saber,
o insondável nos decide,
o melhor fim que pode haver.
Amiúde oculta o semblante,
crê-se, mas volta de repente,   1.750
e isso testemunhara seu gloriante
Campeão; daí que Gaza ora lamente
com toda alma que enfrenta, infensa,
suas ingentes intenções,
ele co'a nova recompensa   1.755
da experiência destas ocasiões,
seus servos com consolo e paz dispensa,
em calma, extintas as paixões.

Fim

Notas

Tragoedia est imitatio...: paráfrase de Milton do grego original de Aristóteles e sua tradução latina, que significa: "A tragédia é uma imitação de uma ação de caráter elevado etc. Por meio da misericórdia e do medo, exerce a libertação dessas emoções."

Do tipo de poema dramático chamado tragédia

apóstolo Paulo: "A má companhia corrompe o bom caráter" é uma frase da comédia perdida *Thaís* de Menandro (*circa* 342 a.C. – 291 a.C.). A frase foi encontrada numa antologia de fragmentos avulsos preservada em papiro, datado do século III a.C. Composta em verso trágico, no entanto, ela é reconhecida como provável citação de Eurípides, que, na época de Menandro ou, mais tarde ainda, na de Paulo, talvez tivesse se tornado proverbial. A Epístola aos Coríntios a cita como "as más conversações corrompem os bons costumes".

Pareus: David Pareus (1548-1622), também grafado "Paræus", foi um teólogo calvinista alemão que escreveu comentários sobre os livros *Romanos* (1609), *Apocalipse* (1618) e *Mateus* (1631, edição póstuma). Seu comentário sobre o *Apocalipse* foi traduzido para o inglês em 1644 e exerceu profunda influência sobre John Milton, como pode ser observado pela presença de suas interpretações em *The Reason of Church Government*.

Dionísio, o Velho: Dionísio I ou o Velho (432-367 a.C.), tirano de Siracusa, hoje Sicília, Itália. Sua peça *O resgate de Heitor* foi vencedora numa competição teatral de Atenas.

Augusto César: segundo uma anedota recorrente, Augusto teria começado, com muito entusiasmo, a compor uma tragédia sobre o herói *Ájax*, mas, infeliz com o resultado, acabou destruindo o trabalho. Quando lhe perguntaram o que havia acontecido, ele teria dito que, assim como o Ájax de Sófocles cai sobre a própria espada, o Ájax dele teria "caído sobre uma esponja". Sobre isso, cf. Macróbio (*Saturnália* II.4.1-2), João, o Lídio (*Sobre os meses* IV.112), Suetônio (*Césares* II. 85).

Gregório Nazianzeno: nascido na Capadócia, o teólogo Gregório Nazianzeno (329-390), ou Gregório de Nazianzo, foi arcebispo de Constantinopla. Foi também poeta, autor de uma obra vasta, cuja maior parte ele compôs após retirar-se da vida pública e dos deveres eclesiásticos em 383. A tragédia *Cristo sofredor* é atribuída a ele.

Marcial: alguns dos livros de epigramas do poeta latino Marco Valério Marcial (41-102/104 d.C.) eram prefaciados com epístolas aos leitores.

Sansão Agonista

v. 1. *dai vossa mão...*: os versos de abertura remetem aos do começo de *Édipo em Colono*, em que Édipo, já cego, pergunta a sua filha Antígona, que o guia, para onde eles estão indo.

v. 11. *da alva nascido*: o termo usado em inglês é *day-spring*, com esse sentido de "alva", "aurora", "nascer do sol", que aparece também no *Paraíso Perdido* (Livro V, v. 139, Livro VI, v. 521).[1] Há ainda uma possível alusão a *Lucas* 1:78.

v. 13. *Dágon*: deus marinho semítico da fertilidade, relacionado a grãos e peixes, conhecido pela raiz consonantal *dgn* em ugarítico, também encontrada em seu nome em hebraico, que pode ser derivado de *dag*, significando "peixe", ou *dagan*, "cereal". Na Bíblia, é mencionado como deus dos filisteus, com templo em Bet-Dagon

---

[1] Doravante, adotam-se as abreviações *PP* para *Paraíso Perdido* e *PR* para *Paraíso Reconquistado*, e os livros que os compõem serão indicados por seus números em romanos seguidos dos versos (v./vv.).

(*Josué* 19:27, literalmente "Casa de Dágon"). Sendo um ídolo, i.e., considerado um falso deus, ele aparece também no *PP* (I, vv. 457-66) como um dos anjos caídos que acompanham Satã no Inferno, ocasião na qual Milton alude à destruição do ídolo em *1 Samuel* 5:6.

vv. 19-20. *enxame*: também no *PR* (I, vv. 196-7), os pensamentos inquietos são descritos como "enxameando" em torno do Filho.

v. 22. *o passado, o que fui e o que ora sou*: remete à descrição do desespero de Satã no *PP* (IV, vv. 24-5) ao lembrar o que ele foi e o que se tornou após sua expulsão dos Céus.

vv. 23-28. *duas vezes viera um anjo/ prever que eu nasceria...*: alude ao episódio da anunciação do nascimento de Sansão por um anjo em *Juízes* 13:3-5. Flávio Josefo (*Antiguidades Judaicas* V, 7), em sua versão da narrativa de Sansão, afirma que o anjo ascendeu aos Céus após o sacrifício feito por Manoá, subindo acima das rochas onde a oferenda queimava, "através da fumaça, como se fosse um veículo".

v. 29. *à raça revelado, de Abraão*: a raça de Abraão são os israelitas, descendentes do patriarca bíblico, que, segundo o texto do *Gênesis*, teria sido o primeiro com quem Deus estabelece uma aliança, marcada pelo ritual da circuncisão.

v. 31. *separado para Deus*: como explicado no posfácio, Sansão é um nazireu, *naziyr* em hebraico, e a palavra deriva do verbo "separar", *nazar*.

v. 41. *Gaza*: a principal cidade dos filisteus no período de sua dominação sobre os israelitas.

vv. 53-55. *Mas que é força incontida...*: a ideia, como identifica Hughes, remete a Horácio (*Odes* III, 4, v. 65), *Vis consili expers mole ruit sua* ("A força, sem a sabedoria, cai sob o próprio peso") e, antes ainda, a Píndaro, que reflete sobre o perigo da força desprovida de inteligência (*Odes Pítias*, VIII, 15). Já o v. 55 ecoa, em estrutura, outro verso do *PP* (III, v. 99): *Sufficient to have stood, though free to fall*, ("Suficiente ter estado em pé, ainda que livre para cair").

v. 67. *cegueira, és a terrível mais que todas!*: a cegueira de Sansão, como comentado na introdução ao poema, dá a Milton a oportunidade de tematizar a sua própria. O tema já havia sido explorado antes no soneto "When I consider how my light is spent" (literalmente, "Quando considero como minha luz se consumiu") e no *PP* (III, vv. 22-55).

vv. 83-85. *Ó Facho primogênito*: a luz é a primeira das criações de Deus (*Gênesis* 1:3)

vv. 86-87. *A mim é o Sol silente/ e sombrio como a Lua*: em Dante, o Inferno é descrito como o lugar *dove il Sol tace*, "onde o Sol se cala" (*Inferno* I, v. 60).

v. 89. *na vaga furna interlunar oculta*: a imagem poética se refere ao período em que a Lua fica oculta numa caverna durante o interlúnio, na Lua nova. A noção remete a Plínio (*História Natural* XVI, 39).

v. 93. *que é tudo em toda parte*: segundo Agostinho (*De trinitate* V, 6), a alma é difundida por todas as partes do corpo (*tota in qualibet parte corporis*), o que é reafirmado também por autoridades medievais e protestantes.

v. 102. *Eu mesmo meu sepulcro*: cf. Rom. 7:24.

v. 106. *obnóxio*: a palavra *obnoxious*, no inglês contemporâneo, tem o sentido de "desagradável", mas Milton a emprega na acepção arcaica e etimológica de "exposto (ao perigo)" – do latim, *ob*, preposição que indica "contra", "diante de" + *noxia*, "lesão", "perigo". O termo em português, já dicionarizado, foi utilizado nesse mesmo sentido.

v. 128. *que espedaçou o leão, como este ao cabrito*: alude ao episódio do leão em *Juízes* 14:5-6.

v. 131. *de toda arma fez troça*: Milton era pacifista e já havia ridicularizado a glorificação do combate armado no *PP*, representando-o de maneira irônica, apesar do teor épico do poema (geralmente reservado para temas bélicos), nos livros VI (inteiro, dada a cena, deliberadamente ridícula e anticlimática, do combate nos céus) e IX (vv. 28-41).

v. 133. *adamantina*: comenta Hughes que, no mundo antigo, a palavra aludia a um aço do tipo mais duro, mas em inglês havia uma confusão entre as suas propriedades, que oscilava entre o aço, o diamante e a magnetita.

v. 134. *aço calibeu*: alusão aos cálibes, do latim e grego *chalybs* (Χάλυψ), também chamados de cáldios, do grego *chaldoi* (Χάλδοι), uma tribo geórgica antiga que habitava o sul do Mar Negro, o chamado Pontos ou Ponto Euxino. Eles eram conhecidos por seu talento para a metalurgia, como se observa em Virgílio (*Geórgicas*, I, v. 58).

v. 138. *ascaloneu*: habitante da cidade de Ascalon, Ascalão, Asqalan ou Ashqelon, localizada na costa do Mediterrâneo, hoje território israelense. Junto com Gaza, Ecrom, Asdode e Gath, formava as cinco principais cidades filisteias, segundo o texto bíblico (*1 Samuel* 6:17).

vv. 142-144. *E que banal a espada que encontrou...*: cf. *Juízes* 15:15-16, quando Sansão mata mil filisteus usando a mandíbula de um asno como arma (a espada "banal", que tinha um "fio de osso" que o poema cita). Ramath-lechi é o nome que recebe o lugar onde ele abandona a mandíbula. Os "mil prepúcios" se referem, por sinédoque, aos mil filisteus mortos, visto que, diferentemente dos judeus e outros povos vizinhos do Oriente Médio, eles não praticavam a circuncisão – e, nisso, há claramente um tom pejorativo no uso do termo. É possível que Milton tivesse também em mente o episódio em *1 Samuel* 18, quando Saul exige, para dar sua filha em casamento a Davi, que este trouxesse cem prepúcios de filisteus abatidos.

vv. 147-150. *com que força arrancou, trazendo sobre os ombros/ os portões d'Aza...*: Aza, grafia alternativa para Gaza, da forma hebraica *'Azah* (עזה). A narrativa aqui alude ao episódio em *Juízes* 16:1-3, em que os filisteus tentam emboscar Sansão, após ele procurar uma prostituta em Gaza e esperam sua saída ao amanhecer. Mas ele frustra seus planos, saindo à meia-noite, enquanto dormem. Sansão arranca os portões da cidade, com tranca e tudo, e os leva ao cume do monte Hebrom. O comentário deles – de que essa é uma "jornada estranha ao Sábado", i.e., o Shabbat, quando os judeus são proibidos de trabalhar e sair de casa (*Êxodo* 16:26-30) – mostra que Milton ambienta o episódio num sábado, o que não consta no texto bíblico. A figura que, "para os gentios, sustenta o Céu" é o gigante Atlas, da mitologia grega, ao qual Sansão é comparado aqui.

v. 156. *de ti próprio a masmorra*: no poema *Comus* (1634), do próprio Milton, numa cena de diálogo entre dois irmãos, o mais velho declara que quem "esconde uma alma obscura e pensamentos vis" é "a masmorra de si mesmo" (vv. 383-85). Um pensamento parecido é expresso no *PP* quando observamos Satã falando do Inferno que ele traz dentro de si e aonde quer que ele vá, também é o Inferno (IV, vv. 20-22, 75).

vv. 162-163. *pois, ai, que a luz interna...*: segundo o conceito clássico do funcionamento da visão, os objetos eram vistos porque um raio emanava do olho e caía sobre eles, iluminando-os. O termo "raio" (*visual beam*, no inglês) tem uso análogo na expressão *visual ray* no *PP* (III, v. 620). Para a noção do poeta do contraste entre a luz interior e a exterior, ver *PP* III, vv. 1-55.

v. 181. *de Zorá e Estaol o fértil vale:* duas cidades pertencentes à tribo de Dã, que indicam a ambientação da narrativa; *Juízes* não cita por nome as cidades nas quais ela se passa (Bet-Shemesh e Timnat--Cheres). É nessa região que Sansão é enterrado (*Juízes* 16:31).

v. 184. *unguento às tuas chagas...*: a ideia de que as palavras servem de unguento para as chagas (*salve to sores*), segundo Hughes, era proverbial no inglês da época, como ilustra sua presença anterior em Spenser (*Faerie Queene* III, 2, vv. 36-37). A expressão tem um antecessor, porém, no grego Ésquilo – no verso 379 de *Prometeu Acorrentado*, que ganhou fama ao ser citado por Cícero (*Tusculanae Disputationes* III, 31): "Não sabes, Prometeu, que as palavras são médicos/ capazes de curar teu mal, este rancor?" (vv. 498-499, na tradução de Mário da Gama Khoury).

v. 201. *divulguei de Deus a dádiva/ secreta a uma mulher de ardis*: a passagem sobre Dalila e como ela arranca o segredo de Sansão está em *Juízes* 16: 4-22.

v. 203. *não sou o estulto das canções, provérbios*: em um salmo atribuído a Davi (*Salmos* 69:11), ele diz: "Pus por vestido um saco, e me fiz um provérbio para eles". Jó também usa a mesma figura: "Porém a mim me pôs por um provérbio dos povos, de modo que me tornei uma abominação para eles" (*Jó* 17:6).

v. 211. *aos mais sábios já lograram*: em *Doctrine and Discipline of Divorce* (I, 3), Milton comenta como até mesmo os mais sóbrios e mais sábios entre os homens se enganam ao escolher suas esposas. No *Tetrachordon* (IV, 92) também, o poeta afirma que Adão, no Éden, teria sido o único homem a escolher sua esposa conforme a vontade divina. A construção, aqui, ainda pode remeter ao argumento de que o desejo sexual por mulheres desvirtuou até o mais sábio, o rei Salomão, levado à idolatria por suas esposas estrangeiras, o que é proposto também no *PR* (II, 169-71).

v. 219. *Timnate*: a cidade onde Sansão encontra sua primeira esposa (e única, no relato bíblico em *Juízes* 14), entre os filisteus. Seus pais desaprovam o casamento, porque não sabiam "que isto vinha do Senhor" (*Juízes* 14:4).

v. 229. *Vale de Soreque*: Nachal Soreq, conhecido hoje pelo nome árabe Wadi-es-Sarar, famoso por suas parreiras. O termo *Soreq* aparece antes na Bíblia, com esse sentido, em *Gênesis* 49:11: "e [amarrará] o filho da sua jumenta à cepa mais excelente".

v. 230. *monstro especioso*: o termo utilizado em inglês aqui, *specious*, que carrega o mesmo sentido que seu cognato português de "verdadeiro ou justo apenas na aparência", é utilizado por Milton em *PP* (IX, v. 361) e *PR* (II, v. 391) para se referir a Satã.

v. 234. *culpo a mim, não ela*: diferentemente de Adão e Eva, que se culpam um ao outro pelo pecado cometido no *PP* (X, vv. 958-9), Sansão só culpa a si próprio.

v. 253. *Etã*: a rocha onde Sansão procura refúgio em *Juízes* 15:8.

v. 266. *torres de Gath*: Gath, ou Gate, era uma das cidades dominadas pelos filisteus, de onde vem o gigante Golias (*2 Samuel* 21). *1 Samuel* 17:4 afirma que todo o território filisteu, "de Ecrom a Gate", foi conquistado e entregue aos israelitas, mas, em *1 Reis* 2:39-40, ela está sob governo de um rei filisteu chamado Achish, ou Aquis.

vv. 278-289. *O que dizes traz à lembrança/ como Sukot e o Forte de Penuel...*: há duas alusões a episódios anteriores do livro *Juízes* nessa estrofe. A primeira trata de quando Gideão perseguia os reis midianitas, Zebá e Zalmuna (*Juízes* 8). Ao passar por Sukot e Penuel, ele pede pão para alimentar seu exército, e ambas as cidades se negam a colaborar. Em resposta, ele promete retornar depois com os dois reis capturados e destruir as cidades, o que executa com sucesso (*Juízes* 8:16-17). A outra é ao episódio em que a tribo de Efráim se recusa a ajudar Jefté a combater os amoneus (*Juízes* 11-12) e, por isso, ocorre uma guerra intestina em Israel entre os gileaditas e o efraimitas, que culmina no famoso episódio do xibolete (*Juízes* 12:6). A palavra *shibbolet*, em hebraico (escrita שיבולת) descreve a parte de um cereal em que ficam os grãos, como a espiga do milho, e foi escolhida para reconhecer quem era efraimita, porque a variação dialetal deles não incluía o fonema chiado do começo da palavra (/ʃ/) e por isso eles a pronunciavam como "sibolet". Ao identificarem um efraimita na travessia do Jordão, os gileaditas o matavam. Daí a palara "xibolete" ter o sentido de "traço característico".

vv. 293-294. *Justas, as leis de Deus, / e justificáveis aos homens*: cf. *Apocalipse* 15:3 e *PP* I, v. 26.

v. 298. *só o coração do néscio*: "Disse o néscio no seu coração: Não há Deus" (*Salmos* 14:1). "Néscio" significa desprovido de conhecimento, estúpido.

v. 312. *obstrição*: a palavra é um neologismo na tradução em português, apesar de existir já dicionarizada na forma verbal "obstringir", com o mesmo significado e etimologia (do latim *obs*, "contra" + *ingere*, "amarrar") do termo inglês. O sentido aqui é o de uma lei, ou obrigação, nacional. O *Deuteronômio* 7:3-4 proíbe o casamento dos israelitas com mulheres das tribos cananeias. No argumento do coro, tendo criado as leis, Deus pode também suspendê-las quando e como bem entender.

v. 360. *a cauda do escorpião atrás*: "E qual o pai de entre vós que, se o filho lhe pedir pão, lhe dará uma pedra? Ou, também, se lhe pedir peixe, lhe dará por peixe uma serpente? Ou, também, se lhe pedir um ovo, lhe dará um escorpião?" (*Lucas* 11:11-12).

v. 394. *meu segredo capital*: há um trocadilho em latim aqui, na medida em que "capital" carrega o sentido de letal (como em "pena capital", porque executada por decapitação) e também alude à cabeça (*caput*, em latim). No caso, o segredo da força de Sansão, que residia em seus cabelos e, portanto, em sua cabeça.

v. 410. *torpe efeminação*: a "efeminação" de Adão, i.e., a perda de uma virtude que resulta da masculinidade (lembrando que a própria palavra "virtude" está ligada ao conceito latino de *vir*, "varão", portanto "hombridade"), é condenada também no *PP* XI, v. 634.

vv. 434-439. *um festim popular os filisteus/ celebram hoje em Gaza...*: aqui ficamos sabendo que não só há um feriado em homenagem a Dágon, como também os filisteus ainda estão celebrando a sua (suposta) vitória sobre o Deus de Israel, tal como se observa em *Juízes* 16:23.

v. 448. *eu mesmo confesso e reconheço*: a frase em inglês é *I do acknowledge and confess*, que acompanha a fórmula de confissão do *Livro de Oração Comum* (1559) da Igreja Anglicana: *acknowledge and bewayle oure manifolde synnes and wyckednesse* ("reconheço e deploro nossos muitos pecados e impiedades").

vv. 497-501. *Não guardei o conselho de Deus...*: Sansão aponta aqui que revelar os segredos da divindade é um pecado tão grave que até os gentios o condenam. A parábola à qual Milton alude é provavelmente a de Tântalo, que, em algumas versões do seu mito, como a de Eurípides (*Orestes*, vv. 1-10), foi castigado no Tártaro por revelar os segredos dos deuses após ser convidado a jantar no Olimpo.

v. 509. *Deus tem pena, talvez, e anula a dívida*: Manoá repete o erro que Mâmon comete no *PP* II, vv. 237-38, ao pressupor que Deus irá ceder e mudar de ideia. No caso de Mâmon, ele imagina que o castigo imposto sobre os anjos caídos será temporário. Manoá insiste nesse erro ao longo de todo o poema.

v. 528. *Filhos de Anak*: também chamados de Anakim ou Enaquim, eram gigantes ou descendentes de gigantes – em todo caso, figuras de proporções imensas, como se vê em *Números* 13:33: "Também vimos ali gigantes, filhos de Anaque, descendentes dos gigantes; e éramos aos nossos olhos como gafanhotos, e assim também éramos aos seus olhos". Anak, ou Anaque, também chamado em português de Enaque, é personagem bíblico mencionado ainda em outros momentos do episódio da conquista de Canaã (*Deuteronômio* 2:11, *Josué* 15:13).

v. 538. *dócil capão*: expressão usada para traduzir o termo *weather*, ou *wether*, que quer dizer carneiro castrado. É evidente a sugestão de castração simbólica no ato de Dalila ter cortado os cabelos de Sansão.

v. 541. *Sanha de vinho e das delícias do álcool...*: Milton elogia a temperança de Sansão nesse trecho, em respeito ao seu voto de nazireu, que, como aponta *Números* 6:3, deveria se abster de vinho e outras bebidas alcoólicas. Diferentemente de interpretações que condenam Sansão como um mau nazireu, o poeta não alude a nenhuma transgressão do herói, salvo a revelação de seu segredo a Dalila.

vv. 547-549. *Onde corresse fonte ou fresco arroio...*: como aponta Hughes, citando Thyers e Percival, na época de Milton era corrente a noção de que as águas doces mais saudáveis vinham de solos argilosos tocados pelos raios ("ígneo bastão") do sol nascente – esta noção tem um antecessor bíblico (*Ezequiel* 47:8) e está presente também em Robert Burton (1577-1640).

v. 558. *temperança*: Milton trata das virtudes da temperança em *Doutrina Cristã* (II, 4) e no *PP* (XI, vv. 530-33).

vv. 581-582. *Mas Deus, da terra seca, fez brotar/ uma fonte ao ouvir-te orar.* cf. *Juízes* 15:18-19.

vv. 587-588. *por que outro motivo / resta a força, mirífica, em teus cachos?*: o verso sugere que o cabelo de Sansão está voltando a crescer, como se vê em *Juízes* 16:22.

v. 600. *negro humor*: a bile negra (*melaina kholé*), responsável pela disposição melancólica, era, segundo a teoria dos humores da medicina grega, um dos quatro tipos de fluidos corporais (os chamados "humores"), responsáveis pela saúde e pelo temperamento de cada pessoa. Os outros três eram sangue, bile amarela e fleuma.

v. 605. *palavras de cura*: Hughes contrasta este trecho com o mau uso das "palavras de cura" (em inglês, *healing words*) no discurso da ama em *Hipólito*, de Eurípides (vv. 433-481). A expressão pode ser vista como uma tradução para *lógoi thelktírioi* (λόγοι θελκτήριοι"), "palavras que encantam" (*Hipólito*, v. 478).

v. 612. *acidente*: o termo *accident* usado no verso em inglês carrega um sentido mais antigo de "sintoma", que também existe em português, motivo pelo qual a palavra também foi utilizada na tradução. Houaiss a lista em seu dicionário como sua oitava acepção: "fenômeno patológico inesperado que sobrevém no curso de uma doença".

v. 652 e ss. *Muitos os ditados dos sábios...*: trecho que pode ser entendido como uma interpretação do livro de *Jó*. Há muitos ditados dos sábios no cânone bíblico, não só compilados em livros como *Provérbios*, mas ocorrentes também quando os três amigos de Jó buscam consolá-lo com um discurso que remete a essa sabedoria (*Jó* 4-5, 8, 11, 15, 18, 20, 22, 25). Porém, como Jó deixa claro, falando do fundo do seu sofrimento, essa sabedoria nem sempre é capaz de consolar quem sofre, e as consolações de seus amigos acabam soando como "injúrias" e "vituperações" (*Jó* 19:2-3); essa sabedoria, como diz o coro, "não prevalece, ou soa como música áspera".

v. 654. *por vera fortitude exaltam a paciência*: o próprio Milton exalta a paciência no *PP* (IX, vv. 32-33) e *PR* (I, v. 426). A paciência é uma virtude exaltada pelo livro dos *Provérbios* (em 16:32) e, no livro de *Tiago* (5:11), Jó também é exaltado por sua paciência.

v. 662. *modo dissonante*: o termo "modo" é utilizado, como no *PP* (I, vv. 550-1), em sentido musical. Vale lembrar que, até o final do século XIX, a música clássica ocidental evitava, ou empregava com parcimônia, a dissonância, por ser considerada desagradável se estendida por muito tempo sem resolução.

v. 667. *o que é o homem*: "Que é o homem mortal para que te lembres dele?" (*Salmos* 8:4). No texto bíblico, esse mesmo sentimento é repetido em *Jó* (7:17) e *Hebreus* (2:6). O trecho aqui também lembra o monólogo de Hamlet: *What a piece of work is a man*, "Que obra-prima, o homem!" (II, 2. v. 319).

vv. 694-696. *pasto de aves e cães...*: a expressão lembra a abertura da *Ilíada* (I, vv. 1-5), descrevendo os mortos da Guerra de Troia que acabaram sem honras funerárias, o que era uma ofensa séria no mundo grego. Há um possível paralelo político, nos versos seguintes, com a época de Milton, visto que os cadáveres de Cromwell, Ireton e Bradshaw – por terem sido regicidas – foram exumados e enforcados em Tyburn no 12º aniversário da execução de Charles I, o soberano derrubado quando a monarquia foi abolida por esses republicanos.

v. 714. *como nau austera...*: no segundo ato da comédia satírica *The Staple of News* ("O mercado de notícias"), de 1625, de Ben Jonson, a figura da Lady Pecunia, a mulher rica sobre a qual gira o enredo da peça, é também comparada a um navio: *a galley, Gilt in the prow*, "uma galera, dourada na proa".

vv. 715-716. *Tarso*: o porto de Társis ou Tarxixe (*Tarshish*), mencionado em alguns trechos da Bíblia (*Salmos* 48:8, *Jonas* 1:3,

Isaías 23: 1,6), com frequência como alvo da ira divina. Apesar de algumas fontes identificarem Tarxixe com Tartessos, na Andaluzia, como fez Samuel Bochart em 1649 e, depois, os autores da *Jewish Encyclopedia* ("Enciclopédia Judaica"), Milton acompanha Flávio Josefo (*Antiguidades*, VIII, 7, 2) que o identifica com a cidade de Tarso, na Anatólia, capital da província romana da Cilícia, hoje território da Turquia; *Javã*: nome de um dos filhos de Jafé, filho de Noé (*Gênesis* 10:3), reconhecido no mundo antigo como o ancestral dos gregos, como atesta Josefo (*Antiguidades*, I, 6, 1), aqui utilizado para se referir às ilhas gregas de modo geral; *Gadir*: nome antigo dado pelos fenícios à cidade portuária de Cádis, na Espanha, cujo nome moderno deriva do árabe, Qadis. Como o coro é composto por israelitas, a forma utilizada por Milton (cuja grafia varia entre *Gadier* e *Gadire*, conforme a edição) acompanha sua ideia de como o nome seria pronunciado em sua versão fenícia.

v. 720. *âmbar-gris*: também conhecido como âmbar-pardo ou âmbar de baleia, é uma substância de cheiro forte produzida por baleias cachalotes, usada na Europa como condimento, perfume e remédio. Em Milton, o âmbar-gris é simbólico de opulência (e, com ela, sinônimo de tentação), visto que é mencionado ainda no banquete que Satã oferece a Jesus no deserto em *PR* II, v. 343.

v. 748. *Hiena*: a hiena era já bem estabelecida no imaginário europeu à época de Milton como animal enganoso e alegórico da hipocrisia e da duplicidade. Segundo Plínio (*História Natural* VIII, 30, 44), elas eram capazes de imitar a voz de um ser humano para atrair suas vítimas e devorá-las. O sentido disso em contexto é bastante óbvio numa leitura superficial, mas há uma segunda camada de significado, relevante para a tensão da dinâmica sexual entre Sansão e Dalila, dadas as alegações de castração simbólica e inversão de papéis. Plínio comenta, bem como Ovídio (*Met.* XV, vv. 391-417) e Esopo (Fábula 341), que a hiena era um animal capaz de trocar de sexo, noção que provavelmente decorre da extrema semelhança das genitálias masculina e feminina das hienas, pois as fêmeas exibem o que se chama de "pseudopênis".

v. 763. *enroscados co'uma serpe ao peito*: a imagem de nutrir uma serpente no peito era proverbial à época de Milton, comenta Hughes. Ela aparece também em Shakespeare (*Ricardo II*, III, 2, v. 131).

v. 777. *as faltas feminis comuns*: Milton coloca um discurso visivelmente misógino na voz de Dalila, mas é difícil dizer em que medida ela está sendo sincera ao naturalizar esse discurso, dada sua postura dúbia e seu uso de retórica. Sua alusão às "faltas feminis", em contexto, soa como um agravo, por Sansão ter sido culpado do mesmo tipo de erro que ela atribui às mulheres.

v. 784. *antes de mim, cruel foste a ti mesmo*: o verso em inglês, *thou to thy self wast cruel*, remete a *thy self thy foe, to thy sweet self too cruel*, "tu teu próprio inimigo, a ti mesmo cruel demais", de Shakespeare (soneto 1, v. 8).

vv. 837-838. *busca amor/ o amor*: cf. Cícero (*A amizade*, XXVII, 100), em sua definição do amor.

v. 871. *tua argúcia réptil*: "réptil" aqui traduz a imagem de *circling wiles* (literalmente "argúcia que anda em círculos") no original. Esse gesto serpentino, bem como o uso da palavra *circling*, remete à descrição dos movimentos de Satã no *PP* (IX, vv. 494-503).

v. 880. *não frívolo*: a frivolidade ou leviandade (*levity* em inglês, *levitas* em latim) é descrita como um pecado por Milton (*Doutrina Cristã*, II, 13), em oposição à severidade (*gravitas*).

v. 881. *nunca nada te neguei*: o verso em inglês, *could deny thee nothing*, acompanha o discurso de Otelo, *I will deny thee nothing*, "nada hei de negar-te", em Shakespeare (III, 3, v. 83).

vv. 885-886. *desposada, deixar devias pátria/ e pais por mim*: a noção de casamento de Sansão acompanha a exposta na Bíblia (*Gênesis* 2:24).

v. 890. *lei natural e das nações*: possível alusão ao livro de John Selden, *Of the Law of Nature & of Nations*, ("Sobre a lei da Natureza e das Nações"), que Milton elogia no segundo livro de *Doctrine and Discipline of Divorce*.

vv. 932-033. *fojos, apeiros, aboízes*: termos para tipos variados de armadilhas.

v. 934. *teu cálice*: o cálice tem conotação tradicional e óbvia como símbolo feminino, que, apesar de não ser literariamente seu único ou principal sentido (sobretudo na interpretação bíblica, em que costuma representar o destino, cf. *Salmos* 16, 23, 116), é adequado neste contexto. A descrição dos versos seguintes desenvolve a imagem e caracteriza Dalila como uma versão da Circe de Homero (*Od.* X, vv. 135-396), a feiticeira que transforma os homens de Odisseu (Ulisses) em porcos. A imagem em *Apocalipse* 17:4 também é relevante: "E a mulher [a Prostituta da Babilônia] estava vestida de púrpura e de escarlata, e adornada com ouro, e pedras preciosas e pérolas; e tinha na sua mão um cálice de ouro cheio das abominações e da imundícia da sua fornicação".

v. 936. *instruído no saber das víboras*: dizia-se que as víboras eram surdas e, por isso, imunes aos esforços dos encantadores de serpentes (cf. *Salmos* 58:4-5).

vv. 953-954. *que eu, junta por junta, / te espedace*: em Eurípides, Polimestor diz algo parecido a Agamêmnon: "Mostra-me, diz-me onde ela está, para que eu possa agarrá-la em minhas mãos e despedaçá-la membro por membro" (*Hécuba*, v. 1125). No caso, ele se refere a Hécuba, rainha de Troia levada como escrava após o fim da guerra, que vazou seus olhos e matou seus filhos, como vingança por ele ter matado o filho dela, Polidoro.

vv. 970-974. *Tem Fama duas bocas, senão faces...*: a Fama é figura latina clássica, que aparece como entidade na *Eneida* (IV, vv. 173-90), em que tem papel primariamente negativo, espalhando as notícias da relação consumada entre Dido e Eneias. A versão de Virgílio serve de base para a interpretação de Boccaccio (*Genealogia dos Deuses* I, 9), que, segundo Hughes, foi a inspiração para sua evocação no discurso de Dalila. Milton faz duas modificações, porém: transforma Fama em figura masculina (enquanto a palavra latina, como em português, era feminina) e duplicada, como o deus Jano de duas faces. Fama, com duas bocas e duas asas, uma branca e outra preta, para boas e más notícias, reflete a imagem da personagem em *House of Fame*, de Chaucer (vv. 1023-1031) que tem duas trombetas, uma branca (*Clear Laud*, "Claro Louvor") e outra preta (*Slander*, "Calúnia"), esta utilizada indiscriminadamente.

v. 981. *Ecrom, Gaza, Asdode e também Gath*: ver nota para v. 138.

v. 987. *de incenso olente, e flores peregrinas*: a imagem do túmulo com oferendas de incenso queimando sobre ele remete a *Jeremias* 34:5.

vv. 989-990. *Jael*: personagem mencionada em *Juízes* 4-5, mulher de Héber, do povo nômade queneu, que vivia nas terras prometidas de Canaã. Fugindo após o combate fracassado contra o exército de Israel, liderado pela juíza Débora, o general cananeu Síssera se refugia na tenda de Jael, buscando evitar a humilhação de ser derrotado e morto por uma mulher. Ironicamente, o destino de Síssera é cumprido quando Jael lhe crava uma estaca na têmpora enquanto ele dorme. Apesar de violar as leis de hospitalidade do mundo antigo, por matar um dos inimigos de Israel, Jael é elogiada no Cântico de Débora em *Juízes* 5.

v. 994. *piedade*: a palavra aqui (*piety*, em inglês) foi usada por Milton em seu sentido latino, de *pietas*, como devoção à pátria.

v. 1.008. *Na concórdia as querelas de amor findam*: o verso é uma paráfrase de Terêncio (*Andria*, vv. 555): *Amantium irae amoris integratio est* ("As querelas dos amantes renovam o amor").

v. 1.016. *enigma teu*: Sansão propõe uma charada aos filisteus em *Juízes* 14:14, baseada em sua matança do leão, e lhes dá sete dias para responder.

v. 1.020. *teu paraninfo*: o "companheiro" de Sansão, "que antes o acompanhava" (*Juízes* 14:20), a quem foi dada em casamento sua mulher, após o episódio do enigma descrito anteriormente.

v. 1.068. *Harafa*: o gigante Harafa, como descrito na introdução, é uma invenção de Milton. Seu nome é derivado do termo que aparece no Antigo Testamento, como em *2 Samuel* 21:16, *HaRaphah*, "o gigante" (o significado de *raphah*, porém, é um pouco mais complicado e menos unívoco do que parece).

v. 1.073. *em seu hábito há paz*: a palavra "hábito" está sendo usada, aqui, como no original, no sentido mais antigo de traje, significando que o gigante vem desarmado.

v. 1.080. *Anak, Og e Emim*: gigantes famosos, ou descendentes de gigantes, mencionados no texto bíblico. Para Anak, ver nota para v. 528. Og, ou Ogue, foi rei de Basã, entre os amorreus, e foi morto por Moisés e os hebreus (*Números* 21:33-35, *Deuteronômio* 3:1-13). Emim foi o nome dado pelos moabitas aos gigantes que povoaram Moab antes deles (*Deuteronômio* 2:10-11), Kiriataim sendo um dos lugares habitados pelos Emim (*Gênesis* 14:5).

v. 1.100. *raça sem prepúcio*: i.e., os israelitas, que praticavam circuncisão. O termo é usado de forma pejorativa no discurso de Harafa, espelhando o uso anterior de "prepúcio" na voz do coro para se referir aos filisteus, ver nota para vv. 142-44.

vv. 1.117-1.118. *olho... geolhos*: o par aqui traduz a rima interna *sight/flight*, sob a lógica de que, no combate corpo a corpo num espaço apertado, nem os olhos, nem os joelhos ("geolhos" na grafia antiga), i.e., nem visão (*sight*), nem a capacidade de fuga (*flight*), de Harafa hão de ser-lhe vantagem sobre Sansão.

vv. 1.119-1.122. *a brigantina, a larga cota de malha...*: a brigantina (*brigandine*, no original) se refere a um colete com placas de metal costuradas dentro do tecido. O termo é utilizado na tradução da Bíblia King James de maneira anacrônica (visto que se trata de uma invenção do período medieval, que não existia no período bíblico) como, por exemplo, em *Jeremias* 46:4, para traduzir o hebraico *Siryonot*, "armaduras". A cota de malha é mais especificamente um *habergeon*, em inglês, uma versão menor de um *hauberk*, uma túnica feita de elos de metal interlaçados. Manopla e braçadeiras protegem a mão e os braços, e as grevas, as canelas. A descrição, aqui, acompanha a de Golias em *1 Samuel* 17:5-7, incluindo a imagem da lança como um "eixo de um tecelão" nas suas mãos, dadas as dimensões dos gigantes. Já o escudo de sete camadas vem da tradição grega e latina, visto que o escudo de Ájax, outra figura de proporções imensas, na *Ilíada* (VII, vv. 220-24), consiste, conforme a descrição, em um objeto de metal envolto por sete camadas de couro de boi, o mesmo vale para o escudo de Turno na *Eneida* (XII, v. 925).

v. 1.130. *Não ousarias maldizer as armas...*: ver nota para v. 131.

v. 1.140. *De magos nada sei, proscritas artes...*: os comentadores apontam que o discurso de Sansão neste trecho remete aos juramentos feitos pelos cavaleiros antes das justas medievais, nos quais asseguravam não portar nenhum tipo de objeto mágico ou de encantamento.

v. 1.158. *extirpado*: no original *cut off*, traduzindo o termo *kharat* (כרת) do hebraico bíblico. A linguagem de Harafa ecoa a das leis do Antigo Testamento. Exemplo: "Mas a pessoa que fizer alguma coisa temerariamente, quer seja dos naturais, quer dos estrangeiros, injuria ao Senhor; tal pessoa será *extirpada* do meio do seu povo" (*Números* 15:30, grifos nosso).

v. 1.186. *trinta homens*: os trinta homens que Sansão matou após o episódio do enigma em *Juízes* 14.

v. 1.197. *espiões*: o texto bíblico não diz nada sobre espiões, mas Flávio Josefo (*Antiguidades Judaicas* V, 8), comenta que os trinta "companheiros" que foram mandados para acompanhar Sansão estariam lá, na verdade, para vigiá-lo.

v. 1.222. *que ora à lida três vezes desafia-te*: o desafio para combate judicial era um costume conhecido e comum ao período medieval, que consistia em uma luta em que os dois lados em disputa elegiam seus campeões para duelar três vezes em seu nome. A prática é citada na cerimônia de coroação de Charles II, segundo relatos de Samuel Pepys.

v. 1.230. *Baal-zebub*: de *Ba'al Zavuv*, conhecido na tradução para o grego da Bíblia Hebraica, a Septuaginta, como *Baal muian* (βααλ μυιαν), i.e., "Baal (Senhor) das moscas", deus cananeu da cidade de Ecrom, possivelmente uma das formas do deus atmosférico Ba'al, mencionado pela primeira vez na Bíblia em *2 Reis* 1:2-3, visto pelos hebreus como um ídolo, ou seja, falso deus, como todas as outras divindades da região, concorrentes do Deus de Israel, que foram subsequentemente demonizadas. Harafa, sendo um pagão, jura em nome dele. Como demônio, é conhecido principalmente pelo nome Belzebu, que Milton inclui no inferno no *PP* (I, v. 81). Apesar de ser às vezes utilizado como sinônimo de Satã, Belzebu era uma entidade distinta e bastante popular na demonologia cristã, com uma rica trajetória, que começa com *Mateus* 12:24 e chega até a obra do demonólogo Johann Weyer (1515-1588, *De Praestigiis Daemonum et Incantationibus ac Venificiis* ("Sobre a Ilusão de Demônios, Feitiços e Venenos"). Também é personagem do *Doutor Fausto*, do dramaturgo Christopher Marlowe (1564-1593), e da *Anatomia da Melancolia*, do acadêmico Robert Burton (1577-1640).

v. 1.242. *Astaroth*: aqui Harafa jura por outra divindade cananeia, Astaroth ou Astoreth (o primeiro termo aparece como plural no texto bíblico), nome derivado de 'Athtart (da raiz semítica *'ṭtrt*) do panteão ugarítico, sendo Astarte o nome que chega a nós por via grega. É uma divindade feminina, mas existe alguma confusão se o nome alude a ela, que era deusa ao mesmo tempo da guerra e da fertilidade, como a Ishtar babilônica, ou a Asherah, a esposa do deus El, que tinha conotação menos belicosa. É também mencionada no inferno no *PP* (I, vv. 438-45), que representa as duas figuras como uma só, conhecida pelo nome de "Rainha do Céu".

v. 1.248. *Golias*, o gigante morto por Davi em *1 Samuel* 17. Diferente tradição, menos famosa e talvez anterior, como comentam Shinar e Zakovitch, diz que teria sido outro herói, Elhanan, quem matou Golias – história que sobrevive em *2 Samuel* 21. Neste mesmo trecho, consta que "Estes quatro [i.e., Golias e outros inimigos de Israel] nasceram ao gigante em Gate; e caíram pela mão de Davi e pela mão de seus servos".

v. 1.320. *nossa Lei proíbe*: i.e., a Torá (o termo significa "lei" em hebraico), formada pelos primeiros cinco livros da Bíblia. Os dez mandamentos (*Êxodo* 20:4-5) proíbem a veneração de ídolos.

v. 1.368. *Se o cor se ausenta, gesto algum corrompe*: cf. Aristóteles (*Ética a Nicômaco*, 1110a). "Cor", apócope da palavra "coração".

vv. 1.421-1.422. *não menos é a ralé, nos dias sacros...*: o comportamento dos filisteus remete ao dos bispos, descrito por Milton em *Sobre a Reforma* (III, 53), em que o poeta reclama das atividades festivas dos católicos no que deveriam ser dias santos.

v. 1.428. *o Santo de Israel*: traduz um dos nomes de Deus, que aparece em *Isaías* 43:3, *Qadosh Yisrael*.

vv. 1.435-1.437. *aquele Espírito que a ti veio/ pela vez primeira...*: cf. *Juízes* 13:25, quando o espírito de Deus age em Sansão pela primeira vez.

v. 1.445. *Paz a vós*: a saudação tradicional das línguas semitas, como o hebraico e o árabe (*shalom* e *salaam*), significa literalmente "paz", mas aqui, mais especificamente, a expressão de Milton, *Peace with you*, traduz a saudação litúrgica latina *pax vobis* ou *pax vobiscum*, derivada de *Lucas* 24:36 e *João* 20:21, 26.

v. 1.454. *bom sucesso*: foi mantida a aparente redundância da expressão do original, visto que *success* na época de Milton não tinha necessariamente sentido positivo, assim como também em português, "bom sucesso" significa "bom acontecimento".

v. 1.463. *clérigos*: possivelmente um ataque ao clero católico, comparado aos sacerdotes de Dágon.

v. 1.515. *ruína*: o termo aqui carrega também o sentido latino de queda.

v. 1.520. *o que fazer? Ficar? Correr p'ra ver?*: o coro de Milton lembra o de Eurípides (*Hipólito*, vv. 782-5), que não sabe o que fazer após receber a notícia de que a esposa de Teseu havia se enforcado.

vv. 1.527-1.535. *E se, sua visão...*: os versos deste trecho não constam do corpo do texto da primeira edição do poema, aparecendo apenas na seção "omissa" listada no final do volume. As edições modernas, porém, os incluem.

v. 1.541. *Ó, aonde corro, ou por qual via fujo*: como avisa o argumento da peça, o mensageiro chega "confuso a princípio", remetendo ao lugar-comum da chegada dos mensageiros que trazem más notícias nas tragédias gregas, como em Eurípides (*As fenícias*, v. 1335).

v. 1.570. *Sansão morreu*: a brevidade do anúncio da morte de Sansão lembra o da morte de Orestes em *Electra* (v. 673), de Sófocles.

vv. 1.576-1.577. *abortiva qual flor vernal precoce, / a que a saraiva ceifa em tardo inverno*: imagem semelhante é usada por Shakespeare em *Trabalhos de Amor Perdidos* (I, 1, vv. 100-01).

v. 1.605. *teatro*: o texto bíblico nada menciona que se pareça com um teatro (a palavra, em todo caso, tem origem grega), apenas uma "casa" (*Juízes* 16:27), o que também é um termo genérico, porém, e não exclui a possibilidade de uma arquitetura teatral. É possível, como aponta Hughes, que Milton, em sua descrição do Templo de Dágon, tivesse sido influenciado pelos relatos de viagem de George Sandys, em seu *Travels*, em que comenta a arquitetura das ruínas de Gaza.

v. 1.619. *catafractários*: do grego, significando "inteiramente coberto", o catafractário era um cavaleiro de elite, cuja armadura (catafracta) o cobria completamente, incluindo o cavalo.

vv. 1.667-1.668. *teus mortos, em maior contagem / que em teus dias toda a carnagem*: como consta em *Juízes* 16:30, Sansão matou mais gente na ocasião de sua morte do que matou durante toda a vida.

v. 1.674. *Siló*: também chamada Shiloh, cidade da Samaria ao norte de Betel, que serviu como centro religioso antes da construção do Templo de Salomão em Jerusalém, local onde era guardada a Arca da Aliança, cf. *1 Samuel* 4:4.

vv. 1.699-1.707. *como o ermo árabe guarnece...*: este trecho descreve a fênix, pássaro mitológico bem conhecido da cultura popular, acompanhando Heródoto (*Histórias*, II, 73), Plínio (*História Natural* X, 2) e Ovídio (*Metamorfoses*, XV, vv. 391-407), sem, no entanto, citar a ave pelo nome. Dizia-se que o animal lendário habitava a Arábia (no relato de Ovídio, ela é conhecida pelos assírios) e vivia séculos a fio, até cerca de 500 anos. Quando chegava ao fim da vida, refugiava-se num ninho construído de especiarias, que também lhe servia de pira funerária – o "holocausto" ao qual

Milton se refere – palavra de origem grega, *hólos* ("inteiro") + *kaústos* ("queimar") –, utilizada para descrever sacrifícios feitos no fogo. Ali mesmo, uma nova fênix renascia do seu corpo morto (por isso ela é "de si mesma a ave nascida"), recomeçando o ciclo. A ave levava o ninho-túmulo de seu pai até a porta ou ao altar do templo do deus solar de Heliópolis. Essa ave "nenhuma outra conhece", porque, segundo Plínio, só existia uma única fênix no mundo. Apesar da origem no mundo pagão, ela teve papel importante no bestiário medieval como alegoria do renascimento de Cristo. Milton alude à fênix também no *PP* (V, vv. 272-74).

v. 1.713. *filhos de Caftor*: localidade bíblica, mencionada em *Deuteronômio* 2:23, *Jeremias* 47:4 e *Amós* 9:7, mas também em *Gênesis* 10:14, em que os caftorim são os filhos de Mizraim, i.e., o antepassado dos egípcios. Flávio Josefo (*Antiguidades Judaicas* I, 4) comenta como os egípcios dominaram todo o território que ia do Egito até a Palestina. É possível que Caftor aludisse a Chipre ou Creta, segundo algumas fontes modernas. Neste verso, porém, diz respeito aos filisteus.

v. 1.725. *Vamos buscar o corpo onde ele jaz...*: cf. *Juízes* 16:31, onde a tribo de Sansão busca seu corpo para enterrá-lo entre Zorá e Estaol. Como veremos com mais detalhes no posfácio, não há menção à presença de Manoá no texto bíblico, exceto pela referência ao seu sepulcro.

v. 1.733. *até o lar do seu pai*: tanto *Sansão Agonista* como *PR* terminam com seu herói sendo trazido à casa dos pais – Sansão, à de Manoá, e Jesus, à de Maria, sua mãe (*PR* IV, v. 639).

v. 1.735. *louro sempre verde*: o louro, consagrado a Apolo, é um símbolo de glória, especialmente a glória poética. "Lycidas", poema também de John Milton, começa com uma apóstrofe (invocação) aos louros.

v. 1.745 e ss. *Tudo, ainda que se duvide...*: o sentimento por trás dessa canção final remete ao dos encerramentos de Eurípides – todos variações sobre os mesmos cinco versos em torno das muitas formas nas quais os deuses se manifestam e frustram as previsões humanas.

v. 1.749. *Amiúde oculta o semblante*: o gesto de Deus ocultar o rosto em rejeição ao seu povo, após algum pecado ser cometido, ou como tribulação, é um motivo recorrente no Antigo Testamento, sobretudo nos *Salmos* (10:11, 13:1, 22:24, 27:9, 30:7, 89:46, 44:24, 69:17, 88:14, 104:29, 143:7, etc.) e nos livros dos profetas (*Isaías* 8:17, 54:8, 57:17, 64:7, *Ezequiel* 39:23, 29, *Jeremias* 33:5, *Miqueias* 3:4), mas também em *Deuteronômio* 31:17, 32:20 e *Jó* 34:29.

v. 1.758. *extintas as paixões*: como comenta Milton em sua própria introdução ao poema, a concepção de tragédia que tinha em mente ligava-se à leitura de Aristóteles e a sua interpretação do conceito de catarse, que, tanto para Milton quanto para uma longa tradição teatral posterior, visava a purgação das paixões da mente, para "temperá-las e reduzi-las".

Posfácio

Adriano Scandolara

As origens de Sansão: o livro *Juízes* e a história deuteronomista

Porque em *Sansão Agonista* Milton está reescrevendo uma narrativa anterior, convém recorrer a um breve resumo da história de Sansão, tal como a encontramos na Bíblia. Ela começa em *Juízes* 13, após a história do juiz Jefté, quando o narrador aponta que os filhos de Israel estavam havia quarenta anos sob jugo filisteu. Então, passa o foco narrativo para Manoá, morador de Zorá e membro da tribo de Dã, que não tem filhos, pois sua esposa é infértil. Um dia, porém, ela é visitada por um anjo, e este anuncia que ela conceberá um filho, destinado a ser um nazireu (falaremos sobre isso na sequência), devendo ela abster-se de vinho e alimentos impuros. Ela conta ao marido o encontro com o anjo, que aparece de novo, recebendo do casal uma oferenda dirigida a YHWH,[1] o Deus de Israel. O capítulo termina com o nascimento de Sansão.

Em *Juízes* 14, Sansão visita a cidade de Timnate, onde desposa uma moça filisteia, para desgosto de seus pais e familiares. Lá também ele é atacado por um leão, mas "recebe o espírito de YHWH" e despedaça o animal com as mãos nuas. Mais tarde, Sansão retorna à cena e nota que abelhas fizeram mel na carcaça do leão, algo naturalmente impossível e, portanto, milagroso. Isso lhe

---

[1] YHWH, também grafado como IHVH, YHVH etc., é uma transliteração das letras hebraicas iud (י), he (ה), vav (ו) e um segundo he, que formam o chamado tetragrama, o nome próprio real e inefável do Deus de Israel, tal como ele revela a Moisés em *Êxodo* 3:13-15. Embora a pronúncia real do nome divino seja desconhecida para os não judeus (porque pronunciá-lo é tabu entre os judeus, que preferem se referir a Deus por eufemismos como Adonai, "senhor", ou HaShem, "o nome"), acredita-se que ele fosse vocalizado como Yahweh, i.e., Iavé ou Javé na grafia portuguesa. A vocalização do tetragrama como Jeová, apesar de possível e popular, é, no entanto, errônea.

inspira uma charada, que ele propõe aos filisteus, como aposta, num banquete com duração de sete dias. Frustrados por não conseguirem solucionar a charada (o que implicará pagar caro pela aposta), eles ameaçam a esposa de Sansão, que revela a resposta, despertando a ira do seu marido e resultando na morte de 30 homens em Ascalon.

Como consequência disso, o pai de sua esposa filisteia desfaz o casamento e a entrega a um amigo de Sansão. Ele se vinga, em *Juízes* 15, pondo fogo nas lavouras filisteias ao apanhar raposas, amarrar tochas em suas caudas e soltá-las nos campos. Quando os filisteus descobrem ser ele o responsável por aquilo, matam carbonizados a ex-mulher de Sansão e o pai dela. Mais violência se segue, com mais homens sendo mortos por Sansão, que se refugia numa rocha em Etã. Os homens da tribo de Judá, por sua vez, temerosos dos filisteus (pois Israel ainda estava sob o governo deles), decidem capturar e entregar Sansão amarrado, desarmado e indefeso aos seus conquistadores. Porém, o espírito de YHWH novamente baixa em Sansão, ele rompe as cordas e entra em combate, utilizando a mandíbula de um asno morto como arma e matando mil filisteus. Ao final do episódio, ele atira a mandíbula ao longe e o lugar onde ela cai passa a ser chamado Ramath-lechi (num trocadilho com a palavra *Lechi*, "mandíbula"). Depois, quase morto de sede, Sansão faz uma prece a YHWH, que faz brotar uma fonte. O capítulo termina com a declaração de que Sansão julgou e liderou Israel por 20 anos.

É em *Juízes* 16 que temos a história mais famosa do ciclo de Sansão, sobre seu envolvimento com Dalila. Logo antes disso, porém, ele sofre uma tentativa de assassinato em Gaza, após deitar-se com uma prostituta. Os homens de Gaza se reúnem nos portões da cidade para matá-lo quando amanhecesse, mas Sansão parte à meia-noite e arranca os portões com batente e tudo, levando-os até o monte Hebrom. Depois, em outra história, ao passar pelo vale de Soreque, ele conhece Dalila, que, ao contrário do que se poderia pressupor, não é em nenhum momento descrita explicitamente como filisteia. Em todo caso, ela é subornada pelos filisteus para descobrir o segredo da força de Sansão. Três vezes ela pergunta a ele, três vezes recebe respostas falsas, que resultam em cenas nas quais ela tenta amarrá-lo e ele termina rompendo as cordas.

Na quarta vez, ele cede e revela seu segredo. Então, aproveitando-se do sono dele, Dalila corta-lhe os cabelos e o entrega aos filisteus. Vendo-se subitamente sem forças, Sansão é capturado; os filisteus vazam seus olhos e o escravizam. Mais tarde, num festival ao seu deus Dágon, eles chamam Sansão para que faça demonstrações públicas de sua força. O evento faz parte das comemorações por seu deus ter colocado o inimigo em suas mãos. Nesse ínterim, o cabelo de Sansão havia voltado a crescer, e ele decide usar a força que lhe retorna uma última vez para derrubar as pilastras do local (presumivelmente algum templo ou palácio). Sansão morre, mas leva consigo mais vítimas do que todas abatidas em sua vida. Os familiares de Sansão buscam seu corpo e o enterram entre Zorá e Estaol, e assim termina sua história.

Milton, em *Sansão Agonista*, se ocupa de um período específico da narrativa, dramatizando a situação de Sansão após ser traído por Dalila, capturado, cegado e acorrentado pelos filisteus e posto para trabalhar como escravo na moagem, mas imediatamente antes de seu martírio em *Juízes* 16:25-31, que conclui a peça. As histórias anteriores de sua vida, bem como outros acontecimentos do livro *Juízes*, aparecem como memórias coletivas e histórias populares citados pelos personagens. Então, para melhor entendimento do trabalho de Milton ao dar tratamento grego trágico a um material de origem hebraica, é importante voltarmos a atenção para o texto bíblico que lhe serve de inspiração.

O livro *Juízes* é obra peculiar dentro do cânone bíblico, visto que sua unidade se dá de modo temático, amarrando várias narrativas em torno de uma estrutura cíclica. Seu pano de fundo é o território de Israel (do começo da idade do ferro), ainda não unificado como um reino, com suas terras divididas, de norte a sul, entre as tribos de Asher, Náftali, Zebulun, Issáchar, Manassé, Dã,

Efráim, Benjamin, Gad, Judá, Reuben e Simeão.[2] Nele, o principal inimigo dos israelitas, além dos outros vizinhos cananeus (e, por vezes, eles mesmos, em guerras intestinas), são os filisteus, um povo marítimo – o qual os historiadores associam aos gregos micênicos ou aos chamados Povos do Mar (*Peuples de la Mer*) responsáveis pelas invasões que culminaram no Colapso da Idade do Bronze no século XII a.C. Esse povo assentou-se no território da Palestina (os nomes "palestina" e "filisteu" têm a mesma origem, inclusive), em cidades como Gaza e Ecrom.

Ao longo de todo o livro *Juízes*, existe um mote recorrente: os israelitas, cujo único deus é YHWH (ou deveria ser, segundo os preceitos bíblicos), cometem idolatria e veneram outros deuses, como Ba'al, um deus atmosférico cananeu; com isso, YHWH se enfurece e, como retribuição, permite que os israelitas sejam oprimidos pelos vizinhos. Em algum momento, tal opressão se torna maior do que o povo é capaz de suportar e ele clama por socorro; YHWH atende às preces e convoca um israelita para ser um herói, chamado de "juiz" (*shofet* em hebraico, cuja forma plural, *shofetim*, dá nome ao livro *Juízes*). Este, encarregado de livrar seu povo, derrota os inimigos de Israel, garantindo a paz por algum tempo.

Os israelitas logo cometem idolatria de novo, e o ciclo recomeça. Amarrando as várias histórias sobre diferentes juízes – que, além de Sansão, incluem ainda nomes como Otniel, Ehud, Débora, entre outros – e dando essa unidade temática ao livro, observamos certos versículos que se repetem, como "Os filhos de Israel fizeram o que é mau aos olhos do Senhor" e "Naqueles dias não havia rei em Israel; porém cada um fazia o que parecia reto aos seus olhos." Uma monarquia que unificará todo o território de Israel só vem posteriormente, no livro de *Samuel*, com os reinados de Saul e, depois, de Davi e seu filho Salomão.

---

[2] Na verdade, essas tribos listadas são onze, porque Efráim e Manassé fazem parte de uma tribo só, a de José. A tribo que falta é a de Levi – os descendentes de Moisés e Aarão, que, na divisão feita no *Livro de Josué* 13:33, ficaram sem território, porque a herança que lhes foi destinada não eram posses, mas o próprio Deus de Israel (*Deuteronômio* 18:2). Não por acaso, a tribo de Levi é a que se ocupa dos trabalhos sacerdotais.

O livro *Juízes* também faz parte de uma unidade maior dentro do Antigo Testamento, chamada pelos especialistas de História Deuteronomista. Como a expressão não é muito conhecida fora da área dos estudos bíblicos acadêmicos, alguma explicação sobre o assunto vem a propósito. A bem da verdade, é preciso comentar que a própria expressão "Antigo Testamento" é inadequada, por ser uma projeção cristã. Lembrando que, em se tratando de uma leitura de Milton, a reinterpretação cristã é relevante, abordaremos por enquanto, pelo bem da clareza, o texto tal como foi produzido em seu contexto imediato. O Antigo Testamento é conhecido entre os judeus pelo nome Tanakh (תנ"ך), um acrônimo hebraico para Torá (Lei), Nevi'im (Profetas) e Ketuvim (Escritos), que são os nomes dados às suas três divisões. A ordem dos livros também é diferente daquela proposta pelas bíblias cristãs – as duas são idênticas apenas até os sete primeiros livros, quando começam as divergências.

A Torá, também conhecida pelo nome Pentateuco, do grego πεντάτευχος, com o sentido de "cinco rolos", é a unidade formada por *Gênesis*, *Êxodo*, *Levítico*, *Números* e *Deuteronômio*, que narra desde a criação do mundo por Deus (chamado ora *Elohim*, "Deus", ora pelo tetragrama que compõe seu nome próprio, YHWH, entre outros) e sua aliança forjada com Abraão, que virá a gerar todo o povo hebreu, até a fuga do Egito, liderada por Moisés, rumo à Terra Prometida, Canaã, e os 40 anos vagando pelo deserto.

Na sequência, a seção dos Nevi'im é dividida em duas partes, Antigos e Últimos Profetas. Os livros dos Antigos Profetas continuam a narrativa do ponto da morte de Moisés no final de *Deuteronômio*, com a conquista do Canaã em *Josué*, sob a chefia de seu líder epônimo, às guerras internas e contra os vizinhos em *Juízes*, ao estabelecimento da monarquia com Saul e depois Davi em *Samuel*. Vem em seguida a divisão do reino de Israel em dois (Israel ao norte, com a capital em Samaria, e Judá ao sul, com capital em Jerusalém), após a morte de Salomão, filho de Davi, e a destruição de ambos os estados no livro dos *Reis* – o reino do norte é arrasado pelos assírios em 722 a.C. e o do sul, pelos babilônios em 586 a.C. Começa assim o período conhecido como Exílio da Babilônia, que teve impacto imenso sobre a mentalidade e a teologia hebraica e, por isso, também sobre a redação do material bíblico. Podemos observar nesse movimento, que vai da criação do mundo no *Gênesis* à queda de Jerusalém em *Reis*, o principal eixo narrativo do Tanakh – e, não por acaso, essa unidade, formada por esses nove livros, também é ocasionalmente chamada de Eneateuco.

Depois, a expressão Últimos Profetas se refere a quatro livros, dos quais três recebem os nomes dos profetas hebreus mais importantes: *Isaías*, *Jeremias* e *Ezequiel* – este último sendo o único caso de um dos grandes profetas no Exílio. Por fim, o quarto livro é chamado de *Livro dos Doze*, por incluir doze profetas ditos menores: *Oseias*, *Joel*, *Amós*, *Obadias*, *Jonas*, *Micá* (ou Miqueias), *Nahum*, *Habakuk*, *Tsefanias* (ou Sofonias), *Hagai*, *Zacarias* e *Malaquias*. Diferentemente do que ocorre no Eneateuco, os livros dos Últimos Profetas, com poucas exceções, não constituem narrativas principalmente; em muitos casos, o que temos é uma coletânea de oráculos e imprecações. Estes, por vezes em versos, já que havia uma dimensão poético-performática no trabalho do profeta – depois de feita a pregação, eles circularam na forma de texto até serem incluídos no cânone bíblico, isto é, reconhecidos oficialmente pelo clero de Israel, após o retorno do Exílio, como divinamente inspirados. Prototípico desse formato é o livro de *Amós*, profeta que teria pregado no reino do norte, no século VIII a.C., prevendo sua destruição, cujas predições circularam depois no reino do sul. Alguns dos livros apresentam processos cumulativos de redação (fala-se, por exemplo, em até três autores do livro de *Isaías*) e ocorre de misturarem os oráculos com trechos narrativos.[3] No geral, porém, a narração coesa não se apresenta como prioridade, ao contrário do que ocorre na maior parte do Eneateuco.

A última seção do Tanakh, a dos Escritos, inclui os livros que não entraram em nenhum dos primeiros dois cânones. O livro de *Daniel*, por exemplo, datado do século II a.C. e composto parte em hebraico, parte em aramaico (a língua franca do Oriente Médio

---

[3] O livro de *Jonas*, composto mais tarde, no período persa ou grego, por exemplo, é um raro caso de um livro profético puramente narrativo.

da Antiguidade até o surgimento do Islã), foi escrito tarde demais para constar entre os profetas segundo a divisão judaica (mas não na cristã, que o insere entre *Ezequiel* e *Oseias*), por isso ele entra nessa última seção.[4] Os outros livros são *Crônicas* e *Ezra-Neemias*, denominados "livros históricos", bem como os chamados "livros poéticos" (*Jó*, *Salmos* e *Provérbios*) e os cinco *megillot* ("rolos", mas palavra diferente da usada para designar os rolos que formam o Pentateuco) ligados, no judaísmo, a cinco datas comemorativas: *Ester*, *Rute*, *Cântico dos Cânticos*, *Eclesiastes* e *Lamentações*.

Na ordem cristã, que deriva da organização da Septuaginta,[5] *Rute* consta logo antes de *Samuel*, apesar de ser bastante posterior,[6] enquanto os outros livros surgem entre *Reis* e a sequência de profetas que encerra a obra com o livro de *Malaquias*, de modo que os profetas hebreus criam um contexto adequado para emendar a leitura do Antigo com o Novo Testamento. Tal divisão, apesar de tematicamente relevante para a criação de uma obra coesa tendo por base os materiais do Antigo e do Novo Testamentos, acaba por obscurecer a dimensão histórica composicional.

---

[4] Seu gênero textual também o afasta dos livros dos profetas, segundo os comentadores bíblicos mais recentes, sendo um exemplo de um apocalipse. Mais sobre isso em COLLINS, 1984.

[5] Septuaginta foi uma tradução do Antigo Testamento para o grego *koiné*. A princípio, foi feita a tradução da Torá para os judeus de Alexandria do século IV a.C., que não falavam hebraico, mas depois todos os outros livros foram sendo traduzidos também, incluindo alguns que acabaram não entrando no cânone oficial hebraico (como os livros de *Eclesiástico* ou *Macabeus*), chamados de deuterocanônicos. O nome "Septuaginta" alude à lenda, registrada na chamada "Carta de Aristeu", de que essa tradução teria sido feita por 70 ou 72 sábios, que teriam produzido cada um uma tradução da Torá individualmente, sem se comunicarem um com o outro, mas que, por intervenção divina, todas as 70 ou 72 traduções acabaram sendo idênticas.

[6] Estima-se que *Rute* seja datado do período persa ou helenístico, e seu principal ponto se dá ao narrar a história de fundo por trás da ascendência do rei David, encontrando-a em uma mulher moabita (sendo Moab um dos maiores inimigos da antiga Israel), na verdade subversiva, combatendo as proibições de Ezra ao casamento de israelitas com mulheres estrangeiras. Tanto *Rute* quanto *Ester*, como obras narrativas breves, são representativas da produção do período. Sobre o tema, cf. MURPHY, 1981.

Com isso em mente, podemos entender que História Deuteronomista é o conjunto formado pelos livros de *Deuteronômio*, *Josué*, *Juízes*, *Samuel* e *Reis*, que compõem uma unidade narrativa, ideológica e teológica[7] coesa. A noção de uma História Deuteronomista surge embrionariamente já no século XIX, com a influente Hipótese Documental de Julius Wellhausen (1844-1918) exposta em seu *Prolegomena zur Geschichte Israels* ("Prolegômenos à História de Israel"). A obra representa os esforços do espírito romântico e da disciplina de crítica textual e filológica que começavam a chegar aos textos do Tanakh, gerando as hipóteses em torno da sua composição coletiva. Desse modo, foram deslocadas as atribuições tradicionais de autoria de figuras como Moisés, por exemplo.

É longo o rol das teorias do século XX sobre a composição da História Deuteronomista, que, pelo bem da brevidade, não convém comentar agora. Mas, devido a sua importância, vale mencionar outro nome que teve imenso impacto no assunto: o de Martin Noth (1902-1968). Noth propôs um deuteronomista que, apesar de ser mais um colecionador do que um contador de histórias, teria sabido articular tais histórias já prontas e reuni-las formando uma narrativa ideologicamente coesa, que seria uma única obra antes de ser dividida nos livros hoje conhecidos. Esse livro único seria diferente do material que nos chegou, porque saltaria de *Josué* 23 direto para *Juízes* 2,6; depois, de *Juízes* 13,1 para *1 Samuel* 1.

Desse modo, a história de Sansão, originalmente, não teria feito parte da composição do deuteronomista, mas seria uma adição posterior, que diminui a coerência da obra. Esta hipótese parece ser corroborada pela ausência do nome de Sansão na lista de juízes feita em *1 Samuel* 12. Estudos posteriores, no entanto, como os de Rudolf Smend, Timo Veijola e Wolfgang Richter, foram refinando a hipótese de Noth. Em especial no caso dos dois primeiros citados, que passaram a ver nas revisões posteriores da História Deuteronomista – a exemplo dos acréscimos ao livro *Juízes*

---

[7] Há, no entanto, algumas tensões internas que turvam um pouco esta unidade, a principal delas sendo a questão da presença de posturas ao mesmo tempo pró e antimonárquicas – resultado, ao que parece, de revisões posteriores.

– um desejo de unidade dos redatores coerente com o projeto do deuteronomista, demonstrada numa preocupação com "a lei de Moisés e os efeitos do seu cumprimento ou não cumprimento nas relações de Israel com as 'nações' de Canaã."[8] Ainda não há (e talvez nunca haja) consenso na comunidade acadêmica sobre a questão, mas tudo indica uma tendência crescente para o reconhecimento de uma unidade composicional que abrange não só a obra maior dos livros da História Deuteronomista, mas também cada livro individualmente – o dos *Juízes* não sendo exceção.

Sansão: do selvagem ao tolo ao agonista

Assim, apesar de composto com base em fontes variadas[9] e muitas vezes reeditado, há algumas noções gerais evidentes que orientam a forma final do livro *Juízes*. Uma delas é a noção de degeneração e desintegração social que se aprofunda conforme o livro avança e os conflitos internos entre os israelitas se agravam, chegando a casos de violência extrema, incluindo estupro coletivo e tentativa de genocídio (*vide Juízes* 19-21). Outro elemento interessante de coesão narrativa é a recorrência do motivo literário de que os juízes costumam ser figuras improváveis: Otniel é o filho de Quenaz, irmão mais novo de Calebe, Ehud é canhoto,[10] Shamgar sequer é israelita, Débora é mulher, Gideão é um covarde, filho "de uma família insignificante de um clã insignificante",[11] e Jefté, um

---

[8] WEBB, 1987, p. 23.

[9] Um bom exemplo dessa variedade de fontes é o chamado Cântico de Débora (*Juízes* 5), que, ao lado do Cântico do Mar em *Éxodo* 15, consta entre os exemplos mais antigos de poesia hebraica – data estimada de composição entre os séculos IX e XI a.C. –, que surge justaposto à narrativa em prosa da derrota do general cananeu Síssera em *Juízes* 4.

[10] Canhotos, historicamente, eram malvistos, mas o texto bíblico vai além, ao fazer de Ehud, ironicamente, um membro da tribo de Benjamin – em hebraico, *Ben Yamin*, significa "filho da mão direita". Essa ironia é aprofundada pela presença de várias menções e expressões com a palavra "mão" (*Juízes* 3:12-30).

[11] KLEIN, 1989, p. 116.

pária. Em contraste, Sansão, o último dos juízes mencionados no livro,[12] é tudo o que eles não são: seu nascimento é anunciado por um anjo e ele é criado, desde pequenino, como uma figura especial, um nazireu, e, como juiz e guerreiro, é praticamente invulnerável. No entanto, seu ponto fraco, apesar de não ser anunciado claramente pelo narrador, logo se torna óbvio para o leitor atento, que descobre em Sansão, na verdade, o mais frágil de todos.

Nazireu, nazarita, ou nazireado – do hebraico, *naziyr*, da raiz *nazar*, "separar" – diz respeito ao israelita que realizou um voto, ou promessa,[13] descrito em *Números* 6:1-21, pelo qual ele deve ser "separado" – *haziyr* – e santificado para YHWH. O voto do nazireu poderia durar um período determinado de tempo, ao término do qual ele deveria se dirigir ao Templo para abluções e sacrifícios. Durante seu período como nazireu, é vedado ao israelita cortar o cabelo, consumir vinho e outros derivados de uva, bem como quaisquer bebidas alcoólicas, e entrar em contato com cadáveres. Era possível também que o voto de nazireu fosse vitalício – e Sansão, destinado a ser nazireu desde antes de nascer, é um exemplo dessa prática. Outro exemplo bíblico é o do profeta Samuel. Curiosamente, ambos foram abençoados com dons extraordinários, de força física e invulnerabilidade, no caso de Sansão; de profecia e clarividência, no de Samuel. As leis em torno do voto de nazireu são elaboradas com maior grau de detalhes posteriormente na literatura rabínica.

Mesmo um brevíssimo olhar sobre as exigências do voto nazireu já basta para detectar alguns problemas sérios na história de Sansão. Reconhecemos na proibição ao corte de cabelo o ponto de virada da sua narrativa, visto que ele se torna vulnerável depois que seu cabelo é cortado por Dalila. Mas estranhamos a proibição ao contato com cadáveres (*nefesh met*), pois Sansão é um guerreiro, cuja atividade envolve exposição constante a cadáveres.

---

[12] Há dois últimos juízes na histografia bíblica antiga de Israel, Eli e Samuel, mas eles aparecem apenas no livro seguinte da História Deuteronomista, *Samuel*.

[13] Uma comparação muito frutífera poderia ser traçada com a prática de pagar promessas no cristianismo popular, sobretudo brasileiro.

Mas há ainda outros dois casos em que Sansão se deixa poluir pelo contato com carcaças: o do leão, em cujo crânio abelhas fazem mel (e Sansão come do mel cadavérico), e o do asno, cuja mandíbula ele utiliza como arma em combate contra os filisteus. Visto que o texto de *Números* não se refere exclusivamente a cadáveres humanos (das concepções judaicas de alma e espírito, *nefesh* é a parte mais baixa, o espírito animal), não há como não observar nesse contato uma violação do voto do nazireu.

Os autores do verbete "nazireu" da *Jewish Encyclopedia* (1906) chegam a cogitar que, por essas violações, seria possível que à época de Sansão fosse praticada uma versão mais primitiva, incompleta, do voto. Pressupõem que Sansão infringia também a proibição de ingerir bebidas alcoólicas, por sua participação (*Juízes* 14:10) em "banquetes", ou talvez "bebedeiras" – em hebraico a palavra usada é *mishteh* (מִשְׁתֶּה), derivada de *shatah* (שתה), raiz SH-T-H, que significa "beber".[14] A bibliografia mais atual, porém, em sua análise que tende a combinar uma visão culturalmente orientada com crítica literária, encontra nessas infrações um elemento caracterizante de Sansão, cuja incapacidade de se conter diante das tentações é mais uma demonstração de comportamento insensato, que é sua principal fraqueza.

Antes de continuarmos, vale explorar alguns detalhes textuais sobre Sansão e Dalila, que, escondidos na etimologia de seus nomes, ajudam a caracterizá-los. "Sansão" é a versão portuguesa do nome bíblico, que, em hebraico, se diz Shimshon (שִׁמְשׁוֹן), tornado Σαμψών (*Sampsón*) no grego da Septuaginta e *Samson* no latim da *Vulgata*, do qual deriva também o nome inglês. As três primeiras letras do nome de Sansão, as consoantes SH-M-SH (שמש) remetem ao termo hebraico para o Sol, *Shemesh* (שֶׁמֶשׁ), o que poderia ser apenas uma curiosidade, mera coincidência, não fosse pelo fato de que i) o texto bíblico é riquíssimo em trocadilhos e outros jogos de

---

[14] Convém lembrar ainda que, no episódio do leão, o animal o ataca enquanto Sansão caminhava pelas parreiras de Timnate (*Juízes* 12:5), o que, apesar de não ser em si uma violação explícita, sugere a possibilidade de conspurcação. O que fazia Sansão entre as parreiras, e por que o narrador faz questão de mencionar essa ambientação?

palavras, especialmente no tocante a narrativas etiológicas, e ii) um procedimento semelhante se dá com o nome de Dalila, que, em seu caminho para o português, permaneceu quase inalterado. Em hebraico, ela é chamada Dəliylah (דְּלִילָה), com uma variação apenas na vogal da primeira sílaba, o chamado schva, que se torna mais aberta em português. A origem da palavra Dalila é mais ambígua, e algumas fontes a identificam como derivada de *Dalal* (דָּלַל), "enfraquecer", o que ainda é tematicamente relevante na narrativa de Sansão, mas também pode ser de *Layilah* (לַיְלָה), "noite", como interpretam outros comentadores contemporâneos.

    Outro ponto etimológico relevante diz respeito às origens de Dalila: Sansão a encontra no vale de Soreque, famoso por suas parreiras. Assim, "Sansão, cujo nome alude ao Sol, se torna sujeito a Dalila, noite. Como resultado, ele perde sua 'luz', sua visão, e se torna ao mesmo tempo física e figurativamente cativo da noite na cegueira. Que apenas esses dois nomes (e o de Manoá, pai do herói) sejam fornecidos pelo texto dá enfoque à polaridade do dia e da noite, simbolizados por homem e mulher: Sansão, filho/sol [*son/sun*] de Israel, e Dalila, a noite da feminilidade desconhecida."[15] Por outro lado, sem outro indicador para as raízes de Dalila, fica estabelecida a relação dela com o vinho (consequentemente, com embriaguez e lascívia), que é proibido ao nazireu.

    Como aponta Klein, além de Sansão, os únicos personagens nomeados na história são seu pai, Manoá, e Dalila – nem a mãe do herói é mencionada pelo nome, o que, ao lado das estranhezas textuais assinaladas por Noth, sugere que o motor principal da narrativa não é de natureza histórica, mas, sim, mítica. De fato, os elementos míticos em Sansão já foram observados e comparados com o mito grego de Héracles (Hércules). Assim, os dois são homens dotados de força descomunal, combatem com armas primitivas (a clava de Hércules, a mandíbula de asno de Sansão) e ambos cometem uma transgressão pela qual precisam pagar penitência, sendo também destruídos ambos por obra de mulher. As semelhanças são suficientemente marcantes para que acusações de plágio – em essência absurdas – fossem levantadas.

---

[15] KLEIN, 1989, p. 119.

Há uma leitura célebre já, do final do século XIX, que via Sansão como uma forma de "herói solar", tomando a presença evidente da palavra "sol" em seu nome como ponto de partida para especulações mais selvagens. Com o furor despertado pela descoberta da literatura mesopotâmica, possibilitada pelo deciframento da escrita cuneiforme suméria e acádica, ocorreram ainda comparações de Sansão com o épico de Gilgámesh, ele mesmo um "herói solar" por ser o favorito de Shámash, deus-Sol do panteão babilônico, assim como seu companheiro Enkídu, homem selvagem domesticado por uma prostituta. Resume James Crenshaw (1978, p. 16):

> Provas de um mito solar dentro da narrativa de Sansão foram encontradas em muitos dos episódios em si. Uma placa mitraica que representa um leão com uma abelha em sua boca levanta a possibilidade de um mito solar sobre o mês adequado para encontrar mel (quando o Sol se encontra no signo de Leão) subjacente ao incidente em que Sansão matou um leão e depois encontrou mel em sua carcaça.

No entanto, o autor conclui que poucos intérpretes na atualidade aceitam a leitura de "Sansão como um herói solar". De fato, alguns argumentos chegam perto de ser quase convincentes – segundo essa hipótese, o final da narrativa, que culmina com a destruição do templo de Dágon por Sansão em seu ataque suicida, é simbólico do pôr do sol, em que o Sol se afunda no horizonte (assim como o templo desmorona), e as nuvens assumem uma coloração vermelho-sangue, simbolizando o massacre. No entanto, por mais que imagens poéticas interessantes sejam produzidas nesse processo de desleitura, fica claro que ela é forçada demais para ser levada a sério hoje. O Sol não deixa de ser uma presença forte no ciclo de Sansão – além de sua presença no nome do herói, as batalhas dele são ambientadas perto de Bet-shemesh, "casa do sol", e Timnat-cheres, "porção do sol". Dentro de uma obra como o Antigo Testamento, carregada de trocadilhos e jogos de palavras, tais fatos não chegam a surpreender.

Isso não significa, porém, que a leitura mítica deva ser jogada fora de todo para a interpretação bíblica. Entre estudiosos contemporâneos, por exemplo, Mark S. Smith, um estudioso do processo de desmitificação da cultura religiosa israelita que produziu o Antigo Testamento – trabalho possibilitado pelo material poético e religioso da cultura de Ugarit, localidade descoberta em escavações arqueológicas de 1928 – identifica resquícios de elementos míticos da cultura cananeia anterior à formação de uma consciência nacional israelita.[16] Resquícios que sobrevivem em alguns salmos e textos proféticos do Antigo Testamento.[17] Zakovitch também aponta que vários episódios bíblicos, tal como os encontramos nas escrituras, partem de mitos de tradição oral provavelmente anterior, convertidos para narrativa histórica e para a ortodoxia religiosa do Segundo Templo, num processo que muitas vezes acaba deixando marcas dessa conversão violenta no próprio texto – sendo um deles o mito de Sansão.

Para Zakovitch, os elementos míticos que a narrativa bíblica se esforça por deixar de fora seriam: i) a relação etimológica óbvia, porém pagã, entre o nome de Sansão e o Sol (o narrador aqui está estranhamente lacônico, apesar de em diversas outras ocasiões anteriores ter oferecido etimologias, ainda que falsas, para o nome dos personagens); ii) o motivo mitológico comum da concepção de um herói por meio do encontro sexual entre uma mulher mortal e uma entidade divina ou angelical; iii) o gigantismo do próprio Sansão, ocultado na Bíblia, mas explicitado pelos rabis no Talmude (B., *Sota* 10a), no comentário ao episódio em que Sansão arranca os portões de Gaza.

Para o autor, é justamente devido a essa rejeição ao mito que, diferentemente das tradições como a grega, com Héracles,

---

[16] Os termos "cananeu" e "israelita" não são opostos aqui, uma vez que os estudiosos bíblicos contemporâneos, mesmo os judeus religiosos, não costumam aceitar como realidade histórica a fuga dos hebreus do Egito tal como descrita no *Êxodo*. Em vez disso, se consenso existir, ele seria o de que os israelitas eram mais um povo entre vários outros povos semíticos que habitavam a região e partilhavam, em graus variados, uma cultura comum, o que incluía ainda língua e religião. Mais sobre isso pode ser visto em KILLEBREW, 2005.

[17] SMITH, 2001, p. 23.

ou a cristã, que utiliza o mesmo motivo na história de Jesus, não há apoteose ou ressurreição para Sansão. A biografia do herói necessariamente deve ser concluída com sua morte.[18]

Outro estudioso, Gregory Mobley, aponta como elementos da religiosidade judaica foram sendo acrescentados à história de Sansão, como a razão de seus cabelos compridos ser atribuída à sua condição de nazireu, assim como sua força depender de YHWH. Mobley revisa a bibliografia anterior sobre outro aspecto, também mítico, do personagem de Sansão: a dicotomia entre natureza e cultura, bem exemplificada pelo caso do personagem Enkídu, que acompanha o herói no épico de Gilgámesh. Enkídu é o homem selvagem prototípico, que vive entre animais e atrapalha os caçadores, mas é domado pelo contato com a prostituta Shamhat que, no mito, representa justamente o elemento civilizador. Uma vez domado, ele se torna incapaz de voltar à sua vida anterior no meio natural e é convertido para o mundo da cultura. Como fica claro pelas pesquisas bíblicas, Sansão apresenta diversos elementos de homem selvagem (seu apetite sexual e aparência, seu refúgio numa rocha em Etã, o fato de que luta desarmado ou com uma arma primitiva como um osso, o uso de animais no episódio da queimada dos campos), mas também alguns elementos civilizados (como ter família, ser ardiloso e propor charadas), o que faz dele uma figura peculiar.

Com base nesses conceitos, Mobley elabora outro arquétipo: o do guerreiro. Trata-se do homem civilizado que precisa se tornar temporariamente selvagem para defender a cultura – algo que, na cidade, é marcado por rituais de saída (como o rei que tira a coroa) e entrada (recepção festiva de soldados). Tais gestos regulariam os momentos propícios para a selvageria. E violações dessa ordem, como quando se age de modo selvagem dentro do mundo civilizado, exigem a intervenção das divindades para reestabelecer o equilíbrio. O rumo seguido pela História Deuteronomista seria, então, o caminho da cultura e da civilização, ilustrado pela trajetória do próprio deus de Israel, que deixa de morar em tendas (elemento da vida selvagem na natureza) para ter uma casa no Templo construído

---

[18] SHINAN; ZAKOVITCH, 2012, p. 189-96.

por Salomão. E mesmo o rei Salomão representaria uma "ruptura com a ideologia guerreira dos períodos anteriores."[19]

Sansão, para Mobley, se encaixa nesse esquema como uma figura liminar, um guerreiro selvagem que "'sai', mas não 'volta'", ao qual não é permitida a domesticação. Assim, apesar de seu papel crucial na futura vitória dos israelitas contra os filisteus – base para o momento civilizador da formação da monarquia dos livros posteriores –, Sansão é o herói que não tem lugar no mundo civilizado por vir, precisando se sacrificar pela causa. Mas há outras questões de natureza moral e teológica mais complexas na história do homem selvagem representado por Sansão: quando inserido no contexto literário mais amplo do livro *Juízes*, assume todos os aspectos de um verdadeiro tolo. A esse respeito, diz a acadêmica Jo Cheryl Exum, "entre as várias facetas apresentadas pelo nazireu, algumas, que me parecem compatíveis entre si, são a do tolo (especialmente o *amante* tolo), do *trickster* e da figura cômica".[20]

O aspecto cômico se manifesta, por exemplo, pela própria estrutura da narrativa e pelo tom burlesco das aventuras sexuais do herói, assim como pela ausência de desenvolvimento do personagem Sansão, que salta de uma aventura a outra sem nenhum senso de missão e se vale de sua força e sagacidade para fazer dos filisteus alvo de ridículo. Realmente, não seria estranha a um esquete de comédia contemporânea, nem aos palcos da comédia grega do século IV a.C., a cena farsesca dos filisteus escondidos atrás do portão para matá-lo de manhã, enquanto Sansão procura uma prostituta, mas ele sai, sem que eles vejam, arrancando o portão da cidade. Seu lado *trickster* também se manifesta na charada proposta aos filisteus e, depois, na "vingança" com as raposas e as tochas, gesto que parece menos um ato de guerra calculado e mais uma versão extremada de uma molecagem destrutiva, realizada por Sansão com uma alegria juvenil.

---

[19] MOBLEY, 2006, p. 109-12.

[20] EXUM, Jo Cheryl. The Many Faces of Samson. In: EYNICKEL; NICKLAS, 2014, p. 14-22.

Essa mesma alegria juvenil, presente nas histórias que inventa para enganar Dalila sobre a origem de sua força, pode ser observada quando o vemos romper vergas de vime fresco em *Juízes* 16:9, que ele mentiu terem o poder de fazê-lo perder seu poder e igualar-se a qualquer outro homem. No final, porém, em mais uma ironia do livro *Juízes*, o enganador termina enganado, e os ardis de Dalila superam os dele. Sua impulsividade, sua incontinência sexual e seu comportamento inconsequente, que motivaram suas aventuras anteriores, bem como sua violação (implícita no texto) dos votos de nazireu, servem para caracterizá-lo como tolo. E de todas as suas tolices, a maior, é claro, é ter revelado sua fraqueza a Dalila, mesmo podendo presumir o que ela faria com tal informação após três tentativas dela de capturá-lo.[21]

E é essa a fraqueza oculta de Sansão, que ultrapassa a fraqueza óbvia dos outros juízes. Milton não deixa de aludir à tolice de Sansão no discurso em que o próprio se descreve usando termos como *fool* e *foolish* (vv. 77, 198, 201, 203, 496) e lamenta que sua força tenha vindo sem uma dose equivalente de sapiência para equilibrá-la (vv. 52-57, 206-69). Mas, por mais tolo que seja, Sansão – como acrescenta Exum, citando Edward Greenstein – é também uma sinédoque, ou seja, o indivíduo tomado para representar o coletivo, que é o povo de Israel como um todo, em seu comportamento cíclico de apostasia e arrependimento. Mesmo tendo uma condição especial em relação aos outros, por ter sido *separado para Deus*, ele se comporta de maneira impulsiva, negligencia obrigações cúlticas, procurando mulheres estrangeiras,[22] e, mesmo assim, Deus só o abandona quando a aliança é violada completamente (no caso, isso é representado pelo corte dos seus cabelos), mas retorna quando ele se arrepende.

---

[21] Dizemos "presumir", mas a hipótese contrária, a de que, mesmo após as tentativas de captura, ele ainda confiaria em Dalila, piora a situação, ao pintar um Sansão ainda mais tolo. Para Flávio Josefo e Pseudofílon, Sansão teria sido embebedado por Dalila para que revelasse seu segredo.

[22] No texto bíblico, a aliança entre YHWH e Israel é repetidamente apresentada como um casamento, como se vê já desde pelo menos o livro de *Oseias*, e as repetidas infrações cometidas contra o monoteísmo são descritas como "prostituições".

Dessa maneira, como aponta ainda Barry Webb, o episódio de Sansão é o clímax dos grandes temas do livro *Juízes*.[23] No fim, Sansão serve como mais uma demonstração do poder de YHWH, na medida em que, assim como os outros juízes e, por extensão, todo o povo de Israel, acaba por cumpri os desígnios divinos *apesar* de sua fraqueza e cegueira, que são, ao mesmo tempo, literais e simbólicas. Sansão está mais interessado em casamento e sexo com mulheres filisteias do que em combater homens filisteus. E os próprios israelitas se mostram passivos em relação a viver sob dominação, de modo que o desejo de libertação parte da própria divindade. Robert O'Connell conclui o seguinte sobre a exceção de Sansão relativamente aos juízes anteriores e sobre a vitória da vontade de YHWH, apesar das falhas daqueles que ele escolhe para serem seus instrumentos:

> Visto que, por meio da anunciação angelical, Sansão é apontado como um salvador nazireu desde o nascimento, o leitor é induzido a esperar que esse salvador poderá ser o tão aguardado salvador ideal. No entanto, a anunciação do seu nascimento só serve para aumentar a caracterização negativa de Sansão quando o leitor se dá conta de que, no livro *Juízes*, ele é o salvador menos interessado em fazer seu trabalho. Sansão é retratado como um bruto autogratificador, cujos atos de salvação são raramente melhores do que subprodutos de sua própria natureza rancorosa. Em todo caso, isso também redunda para a glória de YHWH, pois, por meio de seu controle das circunstâncias, YHWH conduz os afazeres desse bufão mulherengo de modo a obter para Israel algum alívio – até mesmo alívio cômico – para a opressão de seus senhores filisteus.[24]

Essa é a imagem que emerge ao fim da narrativa de *Juízes* 13-16, conforme Sansão nos oferece uma dupla quebra de expectativa: primeiro, por ser um juiz aparentemente livre das falhas dos seus antecessores, depois, por usar seus talentos para saciar seus apetites, em vez de ser o grande libertador de Israel,

---

[23] WEBB, 1989, p. 179.

[24] O'CONNELL, 1996, p. 214-215.

por ter sido criado como um nazireu. No entanto, como última surpresa, é por essa debilidade que se cria a situação ideal para ele executar a vontade de YHWH, acarretando um máximo de prejuízo para os filisteus e o culto a Dágon. Fica assim demonstrado que até a fraqueza humana pode servir ao deus de Israel. Daí parte a dimensão moral da história, visto que Sansão encontra sua redenção nesse gesto final, vindo a "ter um melhor conhecimento de Deus ao morrer do que em toda sua vida."[25] E é essa tomada de consciência, essa "noite escura da alma", provocada pela sensação de ser abandonado por Deus, e a subsequente busca de redenção, que Milton explora em *Sansão Agonista*.

Por fim, antes de considerar a leitura de Milton do texto bíblico, vale passarmos brevemente pela recepção da história de Sansão e pela avaliação do personagem na literatura posterior. Por exemplo, a literatura rabínica parece compartilhar a opinião dos comentadores modernos de que o Sansão de *Juízes* é uma figura pouquíssimo nobre.

Há variações, claro, pois a literatura rabínica é um *corpus* vasto, composto em épocas e locais distintos, mas, como aponta Ronit Nikolsky,[26] os autores do período chamado "tanaítico" (10-220 d.C.) condenaram Sansão sobretudo por ser um tipo indigno de nazireu e por se deixar seduzir. Nikolsky aponta para o motivo literário recorrente de que "Sansão seguiu seus olhos", isto é, foi atrás daquilo que o seduzia, e por isso sofreu a irônica retribuição da perda da visão. Já o período rabínico seguinte, o amoraíta (200-500), foi mais simpático, tendo algumas vozes que demonstravam admiração pelo herói bíblico, mas, ainda assim, sobram apreciações negativas que contaminam o conceito da tribo de Dã, à qual pertence Sansão.

Quem acabou avaliando de modo mais positivo a história de Sansão foi o historiador Flávio Josefo (37-100 d.C.) em suas *Antiguidades Judaicas*, narrativa da história dos judeus. Natural

---

[25] WEBB, 1989, p. 174.

[26] NIKOLSKY, Ronit. Rabbinic Discourse about Samson: Continuity and Change between the Tannaitic Culture to the Aramaic. In: EYNICKEL; NICKLAS, 2014, p. 101-18.

de Jerusalém que recebeu cidadania romana, nascido e criado em contexto intelectual helenista, Josefo acaba projetando esses conceitos da época sobre toda a história judaica, incluindo a narrativa de Sansão, que acompanha a da Bíblia, mas se desvia dela nos detalhes. Referindo-se ao personagem, o historiador judeu elogia "seu valor, sua força, seu heroísmo e a implacabilidade de sua ira contra seus inimigos"[27] – todos valores helenistas –, mas, ao mesmo tempo, diminui a dimensão teológica da história e o papel de YHWH. Ele não ignora as falhas de Sansão, mas não permite que elas ocupem lugar central na caracterização do personagem; minimiza sua importância ao considerá-las falhas humanas gerais, às quais qualquer um estaria sujeito.

Talvez seja possível conceber que essa visão positiva do herói seja característica da produção em grego e latim do mundo helenístico do século primeiro, em oposição ao que produziria a literatura rabínica posterior, visto que o autor do livro *Hebreus*, epístola provavelmente escrita nesse mesmo período e incluída no cânone do Novo Testamento, também exalta Sansão como uma figura de fé ao lado de outros nomes nobres do Antigo Testamento:

> E que mais direi? Faltar-me-ia o tempo contando de Gideão, e de Baraque, e de Sansão, e de Jefté, e de Davi, e de Samuel e dos profetas, os quais pela fé venceram reinos, praticaram a justiça, alcançaram promessas, fecharam as bocas dos leões, apagaram a força do fogo, escaparam do fio da espada, da fraqueza tiraram forças, na batalha se esforçaram, puseram em fuga os exércitos dos estranhos. (*Hebreus* 11:32-34)

O cristianismo viria, mais tarde, a desenvolver um método exegético denominado "tipologia", em que personagens do Antigo Testamento são considerados prefigurações – chamados de *typos* (τύπος) com base no uso que Paulo faz da palavra em *Romanos* 5:14 – de Cristo. Esse método foi aplicado ao livro *Juízes*, do

---

[27] JONQUIÈRE, Tessel M. Of Valour and Strength: The Samson Cycle in Josephus' Work: *Jewish Antiquities*, 5. 276-317. In: EYNICKEL; NICKLAS, 2014, p. 126-27.

qual surgiu, para os cristãos, a noção de Sansão como um tipo de Cristo, apesar de o paralelo parecer estranho para nós, sobretudo depois de vermos o herói israelita como um homem selvagem, tolo e mulherengo, destruído pela própria luxúria. Os paralelos entre Jesus e Sansão costumavam ser traçados com base em seus momentos partilhados de anunciação (ambos são previstos por um anjo), humilhação (Sansão cego e escravizado, Jesus na cruz) e sua vitória posterior sobre os inimigos com seu sacrifício. Alguns autores que escreveram sobre o tema incluem Efrém da Síria (306-373), Santo Agostinho (354-430) e o também santo Cesário de Arles (468/470-542).

Há variações no modo como cada autor trata dos episódios e das equivalências entre a vida de Sansão e de Cristo, mas o método tipológico permaneceu popular o suficiente para ainda estar em voga não só no cristianismo dos séculos IV-VI, chegando, contudo, até comentadores bíblicos não católicos, contemporâneos a Milton, como Matthew Henry (1662-1714). Henry diz com todas as letras que "Sansão era um tipo de Cristo" e encontra um lado positivo até mesmo nos atos aparentemente tolos do herói, como casar-se com uma filisteia (justificado por ele pelo fato de Sansão ser ele mesmo "um enigma", um "paradoxo dum homem") ou comer do mel do cadáver do leão (comparável a Satã, no sentido de que a vitória de Sansão sobre o leão remeteria à de Cristo sobre o Anticristo). Para o próprio Milton, que coloca Sansão em outros de seus escritos, como aponta Martin Evans, entre os quais se incluem *The Reason of Church-Government* ("A Razão do Governo da Igreja"), de 1642, no qual o rei Charles I é comparado ironicamente a Sansão; *Areopagitica*, no qual o autor vê a Inglaterra se erguendo como Sansão heroico, com sua cabeleira invencível; e um discurso de 1651, em que defende o combate dado por Sansão aos filisteus, apesar das censuras dos seus conterrâneos em Israel, elogiando a postura de que é pio, e não ímpio, matar tiranos e escravistas.[28] O que não é conclusivo é se Milton se valia da interpretação comum de Sansão como um "tipo" de Cristo – e há críticos que

---

[28] EVANS, 2003, p. 312-13.

afirmam que não, Sansão não representa Cristo em Milton. Ou, se representa, é, no máximo, uma forma falha de Cristo, como se pode ver pelo seu arrependimento demonstrado ao longo do poema, diferentemente do que se observa na figura de Jesus em *Paraíso Reconquistado*, que, vale lembrar, foi publicado junto com o *Sansão Agonista* em uma mesma edição.

Uma coisa contudo evidente é a relação biográfica entre o autor e o personagem. Os escritos de Milton anteriores ao *Agonista* em que Sansão é mencionado datam de antes da Restauração (da monarquia, que começou em 1660) e antes de o autor ficar completamente cego (o que ocorre em 1654). À época em que o republicano Milton escreve seu poema, ele já estava destituído, havia perdido a visão, e os monarquistas tinham vencido. O elo biográfico se torna claro, na medida em que tanto Milton entre 1660-1670 quanto Sansão no começo da peça se flagram em seu ponto mais baixo: cegos e sofrendo a humilhação da vitória de seus inimigos políticos. Isso nos possibilita estabelecer outro paralelo: de um lado, o povo inglês e, de outro, o povo israelita – representado no poema pelo coro, da tribo de Dã –, ambos acusados de ócio, inércia e de prezar mais o cativeiro do que a liberdade, motivo pelo qual continuam escravizados. Assim, o fracasso da libertação israelita ecoa o fracasso do projeto republicano na Inglaterra. Tal é a ambientação para o poema, mas, como indica sua resolução feliz, há espaço para a esperança.

Com isso em mente, podemos ter ideia do tipo de tradição com a qual Milton estava trabalhando quando escolheu a narrativa de Sansão como material para seu poema: um homem selvagem, um Hércules semita, um *trickster* e enganador enganado, um tolo penitente, um instrumento nos planos insondáveis de Deus, uma prefiguração de Cristo, um revolucionário temporariamente vencido, mas logo mais vingado. Esse conhecimento de fundo também serve para compreendermos como Milton pensava o herói e também as sutis alterações realizadas sobre o material bíblico no poema e sua relevância.

O Sansão miltoniano

Como comenta Roy Flannagan, em introdução à obra de Milton, *Sansão Agonista* concede a seu herói "uma profundidade psicológica e espiritual impossível de encontrar na narrativa de Sansão em *Juízes* sem recorrer a uma ampla fortuna crítica de comentário bíblico sobre a história para ajudar o leitor."[29] E, de fato, Milton obtém esse efeito ao dedicar a peça inteira – 1.758 versos desprovidos de ação maior, salvo a catástrofe final, que ocorre fora de cena – à sondagem psicológica do protagonista em seu momento de maior desespero: traído, cego, escravizado, humilhado e se sentindo abandonado por Deus. Mas, continua Flannagan, "ao lutar com sucesso contra seus próprios demônios, e pela inspiração divina ou 'movimentos divinos' dentro de si, ele volta à vida e se torna o salvador dos israelitas e um mártir." Cabe agora apontar como o poema se organiza para produzir esse efeito.

Quando Sansão aparece em cena pela primeira vez, o pano de fundo é a prisão em Gaza, e o vemos lamentar-se sozinho. O poema não apresenta nenhuma divisão explícita em atos e cenas, mas há algumas entradas e saídas de personagens (não indicadas por rubrica), que marcam momentos distintos da peça. O primeiro, após o impressionante monólogo de abertura, é a chegada dos amigos de Sansão da tribo de Dã, que compõem o coro – um elemento do teatro grego clássico responsável por acumular algumas funções, como realçar a dimensão emocional dos acontecimentos dramatizados e fornecer comentário com base no ponto de vista do cidadão médio (ateniense no caso das tragédias gregas, israelita no do *Agonista*). O coro é um elemento estranho ao teatro inglês, porque não existia nem nas tragédias, nem nas comédias elisabetanas, inspiradas em autores latinos. Já Milton segue à risca as recomendações neoclássicas, inspiradas em Aristóteles, de uso de coro e do princípio de unidade de ação, mas, diferentemente das suas peças anteriores e daquelas de seus contemporâneos, *Sansão Agonista* é um *closet drama*, um poema dramático para ser lido, e não encenado.

---
[29] FLANNAGAN, 2002, p. 112.

Aos encontros individuais e embates retóricos entre Sansão e os personagens que entram em cena, Barbara Lewalski dá o nome de *ágons*, inspirada no termo grego Ἀγών, que significa um tipo de conflito, luta, como quem se debate contra algo, e se encontra na raiz de palavras como "agonista", do título do poema, que designa também "atleta" em grego. A denominação é adequada, pois, por mais que o coro procure oferecer algum alívio ao herói, como ele mesmo proclama, isso é feito por meio de comentários repletos de julgamentos morais e fórmulas prontas, que, no entanto, servem para levá-lo a refletir e "ir além das leis matrimoniais hebraicas e da culpa de Dalila, para admitir sua própria culpa por revelar os segredos de Deus."[30]

O diálogo entre Sansão e o coro marca o primeiro ágon do poema; o segundo é marcado pela entrada do pai de Sansão, Manoá – anunciada pelo coro, cuja outra função é exatamente indicar entradas e saídas de personagens, socorrendo o leitor no texto desprovido de rubricas e tematicamente relevantes para Sansão, que, cego, é informado sobre quem se aproxima dele. Manoá também nos apresenta um lamento comovente pelo destino do filho, mas não se permite a entrega à dor e ao desespero, revelando seu plano de negociar o resgate dele com os senhores filisteus, do qual se ocupará ao longo de toda a peça. Esse encontro é agônico também porque as preocupações de Manoá com honra e família são opostas às do herói, cujo horror é ser reconduzido ao lar como um "oneroso zangão", "objeto de pena", rumo a uma "velhice desprezível" (vv. 567-572).

O terceiro ágon é a chegada de Dalila, querendo o perdão de Sansão, que permanece implacável; entre as réplicas e tréplicas dos dois, observamos uma elevação na tensão da peça. Se antes o tom predominante era moroso e melancólico, a presença de Dalila o torna mais enérgico, até colérico, à medida que os dois trocam acusações – Sansão mais visivelmente, ao chamá-la de "traidora", "hiena" e ameaçá-la com violência caso ela se aproxime, ao passo que o tom de Dalila é pendular, mais passivo ou mais agressivo, conforme ela busca se eximir de culpa e afirma, entre outras coisas,

---
[30] LEWALSKI, 2003, p. 527.

que Sansão foi quem traiu a si mesmo. Valendo-se de desculpas absurdas, como tê-lo entregado aos filisteus por desejá-lo só para si, mesmo que para tanto ele fosse capturado e cegado, Dalila abandona depois essa postura, ao perceber que a ira de Sansão não será abrandada. Então, num discurso final triunfante, ela tripudia Sansão, jactando-se da fama que ela terá entre os filisteus, seu povo. Em um momento de brilhante e irônica retórica miltoniana, Dalila se compara a Jael, personagem de *Juízes* 4-5, a mulher que acolhe em sua tenda o general Síssera, que fugiu após ser derrotado pelo exército dos israelitas, e é atingindo por ela com uma estaca na têmpora enquanto dorme.

Dalila sai de cena, mas a tensão continua com a chegada de outro filisteu, o gigante Harafa, que vem afrontar Sansão. Este quarto ágon é todo ele invenção de Milton, apresentando Harafa como um *miles gloriosus* – um "soldado fanfarrão", personagem típico da comédia latina, geralmente tão covarde quanto cheio de si –, cuja principal função é despertar em Sansão as lembranças de glórias militares passadas e humilhá-lo por estar fora de combate. A cena serve também como um gancho entre as narrativas de *Juízes* e *1 Samuel*, quando descobrirmos, por meio do coro, que o gigante fanfarrão tem um filho chamado Golias. Harafa lamenta não ter duelado com Sansão quando este ainda podia enxergar, mas, desafiado, responde ser desonroso combater um cego, que, além do mais, por ser escravo, está imundo demais para ser tocado por alguém. A troca de insultos, blasfêmias (um contra a religião do outro) e brutalidades que infligiriam mutuamente termina quando Harafa, não aguentando mais, sai de cena, profundamente consternado.

Conforme a peça se aproxima do fim, o quinto e último ágon traz o Oficial Público, para anunciar que Sansão foi convocado a comparecer ao festival dedicado a Dágon, quando deverá demonstrar sua força num espetáculo para o povo filisteu. Sansão se recusa – julga a tarefa humilhante demais – e o Oficial se retira. Porém, após conversar com o coro, o herói reconsidera, aparentando ter concebido o plano que resultará na catástrofe da peça – que ele não revela ainda, se não de forma críptica (vv. 1.387-1.389). Quando o Oficial retorna, pronto para chamar a guarda que o obrigue a ir à força, Sansão aceita acompanhá-lo ao festival, entrega-se de bom grado e sai de cena. Já não será mais visto. Apenas o coro permanece em cena e recebe Manoá quando este retorna alegre, com notícias do progresso da tentativa de resgatar o filho. Coro e Manoá conversam quando, de repente, ouvem um estrondo e gritos. Um Mensageiro hebreu chega com as notícias de que Sansão derrubou as pilastras do templo de Dágon (concebido por Milton como um tipo de teatro grego), matando os nobres filisteus e a si mesmo. Entre discursos e odes que dão vazão à tensão acumulada ao longo da peça, o poema se conclui.

As liberdades que Milton toma em relação ao material bíblico são pequenas, mas indispensáveis ao projeto do poema – como imaginar que Sansão teria sido visitado por seu pai, seus colegas de tribo e Dalila no dia de sua morte, horas antes do espetáculo no festival dedicado a Dágon. Isso não é mencionado pelo narrador bíblico, reconhecidamente lacônico, mas é uma possibilidade que viabiliza a existência do poema. A presença de Manoá também pode ser contada como uma dessas liberdades, visto que o texto de *Juízes* levanta a possibilidade de ele ter morrido antes de Sansão, assim como o gigante Harafa, que já apontamos ser pura invenção de Milton. Mas todas são modificações pequenas, que enriquecem o texto, trazendo possibilidades adicionais, como o embate emocional entre Sansão e seu pai enlutado e a troca de ofensas com o gigante. Outras alterações, porém, trazem impacto maior sobre o sentido geral do poema, sobretudo em contraste com o texto bíblico.

Sobre os atos finais de Sansão, o texto de *Juízes* 16,30 não deixa espaço para ambiguidades: "E disse Sansão: Morra eu com os filisteus." No *Agonista*, como reconta o Mensageiro, Sansão também tem últimas palavras a dizer antes de derrubar as pilastras sobre si e os filisteus (vv. 1.640-1.645), mas nem a pequena frase de *Juízes*, nem nada que com ela se pareça compõe seu discurso final. O argumento da peça também omite a autoviolência deliberada, que existe no texto bíblico, ao afirmar que Sansão comete esses atos contra os filisteus e contra si mesmo "por acidente". Parece bastante óbvio que Milton faz essas alterações para evitar a sugestão de um ímpeto implícito no ato de Sansão – o que é compreensível, uma vez que o suicídio é um tabu social, proibido pelo cristianismo e também, especificamente, na obra do próprio Milton.[31]

Contudo, uma leitura detida do poema revela a possibilidade de que esse "acidente" seja menos acidental do que o argumento do poema quer que acreditemos. No discurso dos vv. 1.381-1.389, é difícil não perceber que Sansão já decidiu fazer *alguma coisa* durante sua apresentação na festa de Dágon; mesmo não ficando claro o que fará, suas palavras são reveladoras: "será um dia afamado em minha vida,/ por um grande ato, ou há de ser meu último" (vv. 1.388-1.389). É certo que ele não está se referindo aos feitos circenses de força para entreter os nobres filisteus. A possibilidade muito real de que ele venha a morrer durante a execução de seu plano aparece com clareza em suas últimas palavras antes de sair de cena: "se iremos nos rever, eu não prometo" (v. 1.426).

Por fim, a última alteração maior do texto bíblico é um pouco mais sutil, mas traz consequências interessantes. Ela diz respeito à nacionalidade e ao estado conjugal de Dalila. *Juízes* 16 só menciona sua origem como o vale de Soreque e não menciona se ela seria filisteia, israelita ou de qualquer outra nação, ao passo que Milton fez dela explicitamente uma filisteia. Tal leitura não destoa de muitas das interpretações mais comuns, que presumiam ser ela filisteia, como era a mulher de Timnate, mas é fato que tal atribuição de nacionalidade não faz parte do texto original. Em segundo lugar, o poeta fez dela não uma concubina ou prostituta, mas *esposa* de Sansão – uma reiteração do caso da mulher de Timnate, o que coloca uma camada adicional de complicações na traição de Dalila.

---

[31] Há uma condenação ao suicídio também no *Paraíso Perdido*, quando Eva considera a possibilidade logo após ela e Adão sofrerem a queda (Livro X, vv. 966 e ss.).

É difícil falar de Dalila. Sobretudo da Dalila de Milton – que, no texto em inglês, se escreve "Dalila", como em português, em oposição à grafia inglesa e à pronúncia mais comum "Delilah", talvez por motivos métricos. Ela é muitas vezes compreendida como a figura psicologicamente simples do livro *Juízes*, um estereótipo misógino da mulher perigosa e sedutora. No entanto, assim como Sansão ganha em Milton dimensão psicológica oculta em sua história original, o mesmo ocorre em relação a ela. Ao fazer de Dalila a esposa estrangeira do herói, o poeta a insere no centro de outro drama, que se passa fora de cena: o dilema de escolher entre o marido e a pátria – e ter de lidar com as consequências de sua decisão.

John Shawcross, em sua defesa da interpretação de que Dalila está sendo sincera, e não apenas tentando Sansão com mais um dos seus ardis (a leitura mais comum, hostil a ela e às capacidades de Milton de representar personagens femininas), comenta como o casamento entre os dois estaria longe de cumprir o ideal miltoniano:

> Uma grande preocupação de Sansão no poema, porém, é o casamento e seus predicados: enquanto ele, assim como o Milton dos panfletos pró-divórcio, vê o casamento como uma união com a expectativa da compatibilidade da mente e do ser, ao passo que Dalila só parece vê-lo corporalmente, o Sansão da Bíblia na verdade "desposa" Dalila impelido por seus próprios desejos sexuais, não por querer desfrutar dos caminhos da sua mente. O Sansão de Milton vê o marido como superior à esposa e essa atitude de superioridade no poema continua em suas acusações contra Dalila, como nesses versos que parafraseiam a Bíblia (em que o conceito é exposto a respeito de Adão): "desposada, deixar devias pátria/ e pais por mim" (885-886). Os panfletos pró-divórcio indicam que as visões de Milton não são as visões desqualificadas de Sansão: apesar de o marido na ordem social geralmente funcionar como líder e porta-voz, a esposa também pode ter tais funções e ser mais forte, mais competente e mais sábia que o marido. Porém, o que o poema enfatiza é a união, a aliança do casamento.[32]

---
[32] SHAWCROSS, 2001, p. 70-71.

Diferentemente da Dalila de Flávio Josefo, a de Milton não descobre o segredo de Sansão dando-lhe vinho, mas valendo-se daquilo que o atraiu nela e serviu-lhe de fraqueza, conforme fica sugerido que a revelação do seu segredo tenha se dado num momento pós-coito (vv. 406-407). Assim, numa resolução irônica, o motivo de seu casamento acaba sendo sua ruína, e Dalila consegue aquilo que Sansão jamais conseguiu: colocar pátria e religião acima de seus desejos imediatos, obtendo com isso sua glória nacional. Nada disso seria possível sem a caracterização de Dalila como esposa e filisteia; nenhuma dessas complexidades afetaria a ligação de ambos caso a relação fosse de prostituição ou de concubinato. E isso nos leva a outra questão, que é a da sinceridade (ou não) de Dalila ao ir tratar com Sansão aprisionado.

Voltemos a Barbara Lewalski:

> Aqui, o enfoque interpretativo muda dos signos associados a Sansão para a autoapresentação de Dalila, que Milton trata como um enigma. A natureza real de Dalila, seus motivos para ir, seus motivos para traí-lo e suas alegações de arrependimento, tudo fica em aberto e recebe interpretações múltiplas, desafiando Sansão, o coro e o leitor a penetrar até a verdade do seu caráter debaixo da retórica e dos estereótipos.[33]

Como comentamos, uma leitura comum da Dalila de Milton não a distingue da Dalila bíblica: mulher mentirosa, sedutora, luxuriosa e maligna.[34] Porém, no tocante às falhas morais de desonestidade e destemperança sexual, ela não é mais culpada do que o próprio Sansão. Sua aparição na peça também é enigmática, porque, se o intento é enganá-lo novamente, ela não parece ter muito a ganhar tentando-o outra vez. Em outro detalhe, fácil de escapar, Dalila pede a Sansão permissão para tocá-lo (v. 951), porém, mais tarde, na discussão com Harafa,

---

[33] LEWALSKI, 2003, p. 529.

[34] Roy Flannagan, por exemplo, em seu volume de brevíssima introdução ao poeta, não escapa dessa leitura ao comentar que é impossível pensar nela "sem ser em termos perversos" (2002, p. 111).

descobrimos que Sansão está asquerosamente imundo (v. 1107). Segundo o gigante, precisaria de "muita água" (*much washing*) para que pudesse ser tocado. E, no entanto, é Sansão quem tem repulsa por Dalila, afirmando que é melhor ela se manter longe, para não ser vitimada por sua fúria (v. 953).

Mesmo quando o coro anuncia a chegada de Dalila, a reação de Sansão é de horror (v. 725). O gesto de Dalila pode ser outro indicativo da sinceridade defendida por Shawcross na sua interpretação da personagem (tão plena e capaz de mudança e arrependimento quanto o próprio Sansão), sem a qual não é possível a mudança interna em Sansão, que é a matéria do poema:

> Se Dalila representa, de fato, a dramatização "da luta para conquistar a verdadeira liberdade e a virtude após uma queda", como defende Radzinowicz (167), isso não seria possível se ela não estiver sendo sincera: é Sansão quem deve confrontar dentro de si mesmo o chamariz de colocar a emoção acima da mente e do propósito, que ele mesmo não havia compreendido ou conquistado no passado. A luta dele "para conquistar a verdadeira liberdade e a virtude após uma queda" é que é a substância do poema dramático em si. Este episódio demonstra que a "verdadeira liberdade", para ele, pode ser "Meu cárcere... o lar da Liberdade", não as portas de Dalila (949-950). A virtude, é claro, está no poder e na excelência morais; portanto, negar o que é parte dele e seus desejos, nesse caso, há de levá-lo à probidade e, consequentemente, ao poder.[35]

Porém, essas nuances de questões complexas, que dizem respeito tanto a uma política mais geral de gênero quanto à relação específica e problemática entre Sansão e Dalila, podem escapar ao leitor, e também escapam ao coro: ao representar a perspectiva popular mais comum, este "se refugia de sua confusão numa misoginia generalizada e simplista."[36] O ágon com Dalila, o mais longo (286 versos, a partir do momento em que sua aparição é

---

[35] SHAWCROSS, 2001, p. 73.

[36] LEWALSKI, 2003, p. 531.

mencionada pelo coro) tem função crucial, posicionado no centro do poema. Terceiro dos cinco ágons, ocorre quando Sansão é levado a confrontar e superar os desejos egoístas, carnais, que o levaram ao momento em que se encontra. Por isso, é também crucial que o leitor não se deixe seduzir pela possibilidade da leitura simplista.

Questões sobre o trágico

A estrutura de *Sansão Agonista*, dividida em cinco ágons, começando com o herói sozinho e estático no palco, para então dramatizar suas discussões com personagens conforme eles chegam ao palco, lembra a da tragédia clássica de Ésquilo, *Prometeu Acorrentado*, a única peça sobrevivente da trilogia do autor ateniense sobre o titã Prometeu, ladrão do fogo.

Prometeu também é uma peça quase sem ação, mas, contrariamente ao poema de Milton, feito para ser lido, ela foi encenada de fato no teatro grego. Tal contraste pode ser atribuído às diferenças dos contextos em que as duas obras foram escritas: de um lado, o senso de comunidade no teatro clássico entre o autor e a sociedade em geral; de outro, a situação de Milton, o republicano claramente em conflito com a sociedade inglesa da restauração da monarquia. A falta de ação de ambas as peças as torna bastante peculiares, em comparação com obras que abrigam protagonistas mais ativos, cuja catástrofe está ligada a suas ações. Sobre *Prometeu*, o classicista H.D.F. Kitto comenta que se trata do "movimento dramático interno de uma situação imóvel" centrado no "herói solitário"; não considerando "o que ele faz, mas o que ele sente e o que é."[37] É uma forma muito adequada, portanto, a um drama mental, que se passa dentro do espírito do herói, como é o caso de *Sansão Agonista*.

O crítico George Steiner, por sua vez, ao comentar a tragédia de Milton em seu influente *A Morte da Tragédia*, soma à lista de influências, além de Ésquilo, também Sófocles, com a peça *Édipo*

---

[37] KITTO, 1972, p. 71.

em Colono, ambientada após os acontecimentos de *Édipo Rei*, em que o protagonista cai em desgraça, após descobrir ter matado o pai e se casado com sua mãe, e é expulso de Tebas. *Édipo em Colono* dramatiza o que se poderia descrever como um tipo de redenção de Édipo, com sua chegada ao jardim sagrado das Eumênides – as justiceiras Erínias, vingadoras implacáveis, mas também capazes de perdão – na cidade de Colono, onde está destinado a finalmente encontrar paz e serenidade na morte e, depois dela, a ser transfigurado em alguém "sagrado", favorecido pelos deuses.

Milton comenta o sentido do trágico no texto que prefacia seu poema e segue à risca as determinações neoclássicas para a composição de uma tragédia. No entanto, há um problema: a visão trágica de mundo e a visão cristã são mutuamente excludentes. Steiner também elabora sobre isso, ao observar como, por trás do trágico, há uma noção de fatalismo – uma exclusividade grega –, pela qual "as forças que moldam ou destroem nossas vidas se encontram além do governo da razão ou da justiça." Steiner a contrasta com a cosmovisão judaica, que pressupõe, por trás de todas as aparentemente insondáveis vicissitudes do destino, uma vontade geral comandada pelo divino. Trata-se de YHWH, que, nas Escrituras, mais do que um deus tribal (apesar de seu culto originar-se na Canaã do começo da Idade de Ferro), é um deus supremo e justo, cuja vontade é realizada, apesar da fraqueza de seus escolhidos para realizá-las, e só abandona seus filhos temporariamente, castigando suas falhas antes de perdoá-los.

O cristianismo, por sua vez, herda essa visão bíblica e a amplia, assim como o faz o judaísmo rabínico posterior, para entreter a possibilidade de recompensa após a morte (o *'Olam HaBa*, "mundo por vir", descrito no Talmude), que não existia no judaísmo do período bíblico. Todo sofrimento terreno perde sua dimensão como algo final e, então, passa a ser justificado com a promessa do reino dos céus. Com isso em mente, pode-se compreender o tamanho da ambição de Milton e suas dificuldades ao compor o *Agonista*. Sobre o poema em específico, Steiner afirma o seguinte:

> Como qualquer tragédia cristã – uma noção por si só paradoxal –, *Sansão Agonista* é em parte uma *commedia*. A realidade da morte de Sansão é drástica e irrefutável; mas não carrega o grande sentido, definitivo, da peça. Como em *Édipo em Colono*, a obra termina num tom de transfiguração, ou até mesmo de alegria. A ação avança, da cegueira noturna do olho e do espírito à cegueira causada pelo excesso de luz.
> [...] Somente um ouvido surdo às formas dramáticas seria incapaz de sentir, ligeiras como um chicote, a dor e a tensão dos ataques sucessivos à integridade ferida de Sansão. E poucos são os exemplos anteriores a Strindberg capazes de rivalizar a nudez do antagonismo sexual que se inflama entre Sansão e Dalila, "serpe manifesta, exposta pelas presas".
> É pelo *Sansão Agonista*, mais prontamente talvez do que pela arqueologia ou pelos estudos clássicos, que contemplamos um relance da totalidade perdida do drama grego. A linguagem de Milton parece atrair atrás de si os poderes auxiliares da música e da dança. Em certos trechos, a fusão é tão completa quanto deveria ter sido nos cantos corais de Ésquilo.[38]

Tudo indica que Milton tinha em mente, ao escrever o poema, uma noção do trágico relacionada ao conceito de catarse, de purgação dos sentimentos extremos. E a força poética que move os versos possibilita o efeito desejado, mesmo no caso da leitura silenciosa e sem *performance* do poema. *Sansão Agonista* é, de fato, uma demonstração assombrosa dos dotes poéticos plenamente amadurecidos de John Milton.

Há ainda outras questões importantes que o texto levanta, como, por exemplo, a resolução da peça pela violência (especialmente problemática, visto que há leituras contemporâneas que apontam em Sansão, tanto o bíblico quanto o de Milton, um comportamento análogo ao terrorismo em alguma medida, ao passo que Milton é considerado um pacifista); os paralelos entre o mundo de *Sansão Agonista* e o mundo político da Inglaterra da época da Restauração (como aponta Barbara Lewalski, é evidente que a peça é inspirada

---

[38] KITTO, 1972, p. 32-33.

na situação do próprio poeta, mas ela faz questão de afirmar que Milton não é Sansão); as questões de gênero e casamento expostas em *Sansão Agonista* e sua concordância ou não com outros escritos de Milton; ou a questão da tipologia cristã e as equivalências entre Sansão e Adão, bem como Sansão e Cristo. No entanto, pelo bem da brevidade, essas questões todas são de uma complexidade que vai muito além de qualquer resposta óbvia ou simplista e não seria possível dar-lhes o devido tratamento aqui. Cabe ao leitor, portanto, decidir-se sobre essas possibilidades interpretativas.

Referências

BÍBLIA SAGRADA. Antigo e Novo Testamento. Tradução de João Ferreira de Almeida. 2. ed. revista e atualizada. São Paulo: Sociedade Bíblica do Brasil, 1993.

BARTON, George A.; BLAU, Ludwig. Nazarite. In: *Jewish Encyclopedia*. 1906. Disponível em: <http://www.jewishencyclopedia.com/articles/11395-nazarite>. Acesso em: 7 jun. 2016.

BLAKE, William. *The Complete Poetry & Prose of William Blake*. Edited by David V. Erdman, commentary by Harold Bloom. New York: Anchor Books, 1988.

BLAKE, William; LAWRENCE, D.H. *Tudo que vive é sagrado*. Tradução de Mário Alves Coutinho. Belo Horizonte: Crisálida, 2010.

BLAKE, William. *Milton*. Tradução de Manuel Portela. São Paulo: Nova Alexandria, 2014.

BLOOM, Harold (Ed.). *John Milton (Bloom's Modern Critical Views)*. Philadelphia, PA: Chelsea House Publishers, 2004.

BRADFORD, Richard. *John Milton*. New York: Routledge, 2001.

BRETTLER, Marc Zvi. *The Book of Judges*. New York: Routledge, 2002.

BURNEY, Rev. Charles Fox (Ed.). *The Book of Judges with Introduction and Notes*. London: Rivingtons, 1920.

CAMPBELL, Gordon; CORNS, Thomas N. *John Milton:* Life, Work and Thought. Oxford: Oxford University Press, 2008.

CAMPBELL, Gordon *et al*. *Milton and the Manuscript of* De Doctrina Christiana. New York: Oxford University Press, 2008.

COLLINS, John J. *Daniel*: With an Introduction to Apocalyptic Literature (the Forms of the Old Testament Literature, volume XX). Grand Rapids, Michigan: William B. Eerdmans Publishing Company, 1984.

CRENSHAW, James L. *Samson*: a Secret Betrayed, a Vow Ignored. Atlanta: John Knox Press, 1978.

ÉSQUILO, SÓFOCLES, EURÍPIDES. *Prometeu Acorrentado, Ájax, Alceste*. Tradução de Mário da Gama Kury. São Paulo: Jorge Zahar, 1993.

EVANS, J. Martin (Ed.). *John Milton* – Twentieth Century Perspectives – volume 5: Paradise Regained and Samson Agonistes. New York: Routledge, 2003.

EYNICKEL, Erik; NICKLAS, Tobias (Ed.). *Samson*: Hero or Fool – The Many Faces of Samson (Themes in Biblical Narrative, volume 17). Boston: Brill, 2014.

FISH, Stanley. *How Milton Works*. Cambridge: Belknap Press of Harvard University Press, 2001.

FLANNAGAN, Roy. *John Milton*: A Short Introduction. Oxford: Blackwell, 2002.

HENRY, Matthew. *Matthew Henry's Commentary on the Whole Bible*. Peabody, MA: Hendrickson, 1991.

JOSEPHUS, Flavius. *Jewish Antiquities*, 9 vol. Tradução de Ralph Marcus. Loeb Classical Library. Cambridge, MA: Harvard University Press, 1948.

KILLEBREW, Ann E. *Biblical Peoples and Ethnicity*: An Archaeological Study of Egyptians, Canaanites, Philistines and Early Israel, 1300-1100 BCE (before current era). Atlanta: Society of Biblical Literature, 2005.

KITTO, H. D. F. *Tragédia Grega*. Estudo literário. Tradução do inglês e prefácio de José Manuel Coutinho e Castro. Coimbra: Ceira, 1972.

KLEIN, Lillian R. *The Triumph of Irony in the Book of Judges*. (Journal for the Study of the Old Testament Supplement Series 68). Sheffield: The Almond Press, 1989.

LATVUS, Kari. *God, Anger and Ideology*: the Anger of God in Joshua and Judges in Relation to Deuteronomy and the Priestly Writings (Journal for the Study of the Old Testament Supplement Series 279). Sheffield: JSOT Press, 1998.

LEWALSKI, Barbara Kiefer. *The Life of John Milton*: A Critical Biography. Oxford: Blackwell, 2003.

HANFORD, James H. *A Handbook to Milton*. New York: Apple-Century Crofts, 1926.

MCDOWELL, Nicholas; SMITH, Nigel. *The Oxford Handbook of Milton*. Oxford: Oxford University Press, 2009.

MOBLEY, Gregory. *Samson and the Liminal Hero in the Ancient Near East* (Library of Hebrew Bible/Old Testament Studies 453). New York: T & T Clark International, 2006.

MILTON, John. *Complete Poems and Major Prose*. Merritt Y. Hughes (Ed.). New York: Macmillan, 1957.

_____. *Poemata*: Poemas em latim e em grego. Tradução e organização de Eric Ramalho. Belo Horizonte: Tessitura, 2008.

_____. *Paradise Lost*. Edited with an Introduction and notes by John Leonard. New York: Penguin, 2000.

_____. *O Paraiso Perdido*. Poema epico de João Milton, traduzido em verso portuguez por Francisco Bento Maria Targini. Paris: Typographia de Firmino Didot, 1823.

_____. *Milton's Samson Agoniste*. With Introduction, Notes, Glossary and Indexes by A.W. Verity, M.A. Cambridge: Cambridge University Press, 1925.

_____. *Paraíso Reconquistado*. Tradução de Guilherme Gontijo Flores (Coord.), Adriano Scandolara, Bianca Davanzo, Rodrigo Tadeu Gonçalves e Vinicius Ferreira Barth. São Paulo: Editora de Cultura, 2014. [Coleção Clássicos da Cultura].

_____. *Paraíso Perdido*. Edição bilíngue, tradução, posfácio e notas de Daniel Jonas. Apresentação de Harold Bloom, ilustrações de Gustave Doré. São Paulo: Editora 34, 2015.

_____. *Paraíso Perdido*. Tradução de Antônio José Lima Leitão. São Paulo: WM Jackson inc. Editores, 1960. [Clássicos Jackson vol. 13].

MURPHY, Roland E. *Wisdom Literature*: Job, Proverbs, Ruth, Canticles, Ecclesiastes and Esther (The Forms of the Old Testament Literature, volume XIII). Grand Rapids, MI: William B. Eerdmans Publishing Company, 1981.

NICOLSON, Marjorie Hope. *A Reader's Guide to John Milton*. London: Thames and Hudson, 1964.

NISSINEN, Martti. *Prophets and Prophecy in the Ancient Near East*. Atlanta: Society of Biblical Literature, 2003.

O'CONNEL, Robert H. *The Rhetoric of the Book of Judges* (Supplements to Vetus Testamentum, volume LXIII). New York: Brill, 1996.

POUND, Ezra. *Literary Essays of Ezra Pound*. New York: New Directions, 1968.

QUINT, David. *Epic and Empire*: Politics and Generic Form from Virgil to Milton. Princeton: Princeton University Press, 1993.

SHAWCROSS, John T. *The Uncertain World of* Samson Agonistes. Cambridge: D. S. Brewer, 2001.

SHELLEY, Percy Bysshe. *Prometeu Desacorrentado e outros poemas*. Tradução de Adriano Scandolara. Belo Horizonte: Autêntica, 2015.

SHINAN, Avigdor; ZAKOVITCH, Yair. *From Gods to God*: How the Bible Debunked, Suppressed, or Changed Ancient Myths & Legends. Philadelphia, PA: The Jewish Publication Society; University of Nebraska Press, 2012.

SMITH, Mark S. *The Origins of Biblical Monotheism*: Israel's Polytheistic Background and the Ugaritic Texts. New York: Oxford University Press, 2001.

STEINER, George. *The Death of Tragedy*. Norfolk: Faber and Square, 1961.

TIWARI, Shubha; TIWARI, Maneesha. *The Plays of T.S. Eliot*. New Delhi: Atlantic Publishers, 2007.

WEBB, Barry G. *The Book of the Judges*: An Integrated Reading (Journal for the Study of the Old Testament Supplement Series 46). Sheffield: JSOT Press, 1987.

WHYBRAY, Roger Norman. *The Making of the Pentateuch*: A Methodological Study (Journal for the Study of the Old Testament Supplement Series 53). Sheffield: JSOT Press, 1994.

WONG, Gregory T.K. *Compositional Strategy of the Book of Judges* (Supplements to Vetus Testamentum, vol. III). Boston: Brill, 2006.

Sobre o Tradutor

ADRIANO SCANDOLARA (Curitiba, PR, 1988) é mestre e doutor em Estudos Literários pela Universidade Federal do Paraná (UFPR), com pesquisa sobre poesia e filosofia da linguagem. O resultado de sua dissertação, uma tradução do poema *Prometheus Unbound*, do romântico inglês Percy Bysshe Shelley, foi publicado no volume *Prometeu Desacorrentado e outros poemas* (Autêntica, 2015). Como tradutor, ainda, participou da tradução coletiva do *Paraíso Reconquistado*, de John Milton (Editora de Cultura, 2014), além de ter traduzido autores contemporâneos, como o romancista Hari Kunzru e a crítica Marjorie Perloff, e clássicos como *A Máquina do Tempo*, de H. G. Wells (Zahar, 2019), e *A Filosofia Perene*, de Aldous Huxley (Globo, 2020). Como poeta, já colaborou em revistas diversas e participou de antologias como *101 Poetas Paranaenses (1959-1993)*, organizada por Ademir Demarchi, *Sobre poesia: Outras vozes*, de Ida Alves e Celia Pedrosa, e *Inventar la felicidad / Inventar a felicidade*, antologia bilíngue de Tarso de Melo e Fabrício Marques. É autor dos livros de poemas *Lira de Lixo* (Patuá, 2013) e *Parsona* (Kotter & Ateliê, 2017), além de ter sido coeditor do blog e revista *escamandro* entre 2011 e 2016.

COLEÇÃO CLÁSSICOS DA CULTURA

Coordenação
Bruno D'Abruzzo

Direção Editorial
Mirian Paglia Costa

Produção
Helena Maria Alves

Projeto Gráfico
Bruno D'Abruzzo

Capa
Yes Ribeiro
sobre ilustração de Julius Schnorr von Carolsfeld (1794-1872)

Preparação & Revisão de Textos
Bruno D'Abruzzo
PagliaCosta Editorial

Impresso no Brasil
Printed in Brazi